日本人のための
やさしい3つ星英会話
My English

○ 私の英語 = My English がワンランク上の英語に変身する！
○ 中高生の英会話力 Up に、大学生は教養力 Up に！
○ 学校や塾で児童生徒に自信をもって英語を指導できる！
○ 相手の英語に即反応できない・きれいな発音や流ちょうな
　英語にこだわって、英語を話そうとしなかった人に！

この本で、話す勇気と自信が湧き、その英語発信力が飛躍する‼

JN120936

日本人は学校で英語を学んでいる。
使うことが少ないのでサビついているだけである。
咄嗟に単語が出てこないのは当たり前で、
恥ずかしいことではない。
先ず、I や You の主語とやさしい動詞で即反応し、
あとはゆっくり言葉をつなげていけば良い。
細かいミスは気にしない。
相手を思いやる精一杯の英語が「３つ星英語」になる。

写１ 阿寺渓谷の清流

写２ 河童橋（朝７時人影なし）

はじめに

　海外から数千万の人が毎年日本に来るようになった。「やさしい会話くらいはできる」という自信を持ちたい。

　会話や文章は主語（S）＋ 動詞（V）＋ 目的語（O）の文、S ＋ V の文や S ＋ V＋ 補語（C）の文型を主にし、現在形と現在完了・過去形と未来形だけのシンプルな英文にすればよく伝わる。

　英語を母国語として流ちょうに話す人は３億人くらい？　英語を母国語としない非ネイティブの人が国際語になった英語を話す数は約 17 億人！　非ネイティブの人の英語はなまりがあったり、首をかしげるような発音もある。しかし、みんな自信をもち "My 英語" として堂々と意見交換や商談をする。
　東北弁・大阪弁・熊本弁でも大体わかるように、「てにをは」に当たる前置詞 at・on・in・to〜などのミスは気にせず話せばよい。

　相手の話が聞き取れない理由は、会話では１語１語を区切って発音せず、前の単語の子音と次に続く語の母音が連結して発音されたり、また前の語が子音で終わり、次の語が子音で始まる場合、前の語の子音が消える（消音化）場合、などがあるため。慣れるにはテキストを読むとき、連結や消音される所に＾印をつけて読んだり、CD を聞くようにするとよい。

　英文の読み方は、頭から意味のまとまり毎にとらえ、後へあとへ進める。わからない単語が出てきたら、辞書を引き、その１文の頭に戻って読み返す。全文に目を通してから訳すやり方ではタイム・ア

ウトになる。

　英語を学校で多く学んできた日本人が英語を話そうとしないのは、日本人の謙虚さやミスを恥じる心であろう。日本人はもっと自信を持っていいのではないか。①治安・保健衛生は世界一級、②時間や規則を守るも一流、③マナーや食べ物……も評判が良い。Japan first! では世界から孤立してしまうが、相手の言うことを聞き、一定の理解を示した後に言うべきことは言う。この姿勢は国際社会で極めて大事である。

礼節を尽くし、言うべきことは言う！

<u>発言力</u> が、日本人に求められる英会話力ではないか

　英語には敬語はないが、外交官や一流のビジネスマンが使う相手を気遣う丁寧な言い方＝3つ星の英語はある。I'd like 〜 . Would you 〜?　Could you 〜?

　How would you like 〜?　I'm afraid, I'm sorry, but 〜. など相手を気遣う丁寧な言葉を使うと、話す人の品格が上がり一流の日本人と認められるだろう。

　日本を訪れる外国の方も、少しは日本語を勉強して来る。たどたどしく「てにをは」に問題があっても、彼らの日本語をゆったり受けとめ、やさしい日本語で応対してあげると、勉強してきた日本語が通じたと喜んでもらえる。

　現職の頃、デトロイト市の教育長さんはじめ、いろいろな国の人のホームステイを引き受けたが、彼らと一番楽しく話をしていたのは英語が全く分からない80歳のおばあちゃんであった。長身の彼らに合う布団はない。おばあさんは敷き布団に座布団をつけたし、毛布をかけ身振り手振り説明する。ご家族の写真を見せてもらい延々30分、

笑いながら話し合っていた。

　イギリスの娘さん、チェコの青年も。後でおばあさんいわく“あの子はよいご両親に育てられた子だ”と。

　原稿を監修頂いた Licensed English Tour Guide（通訳案内士）の澤田宣さん、校正・レイアウトをして下さったパソコン講師の八木京子さん、作品掲載に協力いただいた「猿投古窯・日本陶磁の源流」（雄山閣）の著者・陶芸家の大石訓義さん、国画会会員の彫刻家・小林美術研究所主宰の小林豊さん、日本美術院院友・豊田市文化財保護審議会副会長・日本画家の後藤嘉寿美さん、前豊田市文化団体協議会会長・元豊田市華道連盟理事長の鈴木真幸登さん、日本現代写真家協会理事の原田真二さん、中日写真協会の加藤連治さん、出版にあたりご支援いただいた樹林舎の山田恭幹さんに厚くお礼・感謝申し上げます。

目　次

先ずは話しかけることからスタート

知らない外国人に話しかける時のことば

1 Excuse me. ＝ 目上の人には Excuse me, Sir.（Ma'am 奥さん・Miss お嬢さん）

2 Good morning.（afternoon, evening）

3 How do you do?　　はじめまして＝こんにちは

4 May I have a favor?　　ちょっといいですか。
　　Sure. ＝ Yes, please.　　はい、どうぞ。

5 May I ask you something?　　ちょっとお聞きしてもいいですか。
　　Sure. ＝ Go ahead.　　ハイ、どうぞ。

6 Do you have a moment?　　今、お時間いいですか。

7 May I help you?　　お手伝いしましょうか。何か御用ですか。

8 Are you OK? ＝ What's wrong?　　大丈夫ですか。

9 Where are you from?　　どこからおみえですか（出身地は？）。
　　I came from America.　　アメリカから来ました。

10 What do you do（for living）?　お仕事は何をされていますか。
　　I'm a doctor.　　医者です。

何を言っているかわからない時には

1 Sorry♪? ＝ Pardon♪?　　ごめんなさい。

2 Speak more slowly, please.　　もう少しゆっくり話してください。

3 I'm sorry, I didn't catch that.　ごめんなさい聞き取れませんでした。

4 Could you say that again?　　もう一度言って下さいますか。

5 Could you say the something in simple words?　　やさしい言葉で～

6 What's the meaning of ○○?　　○○はどういう意味ですか。

7 Could you spell that please?　（聞き取れなければ）書いてください ますか。

別れのあいさつ

1　I had a good time. Thank you very much.　　　　楽しかったです。
2　Thank you for everything.　　いろいろ有難うございました。
　　You're welcome. = My pleasure.　　こちらこそ。
3　Thank you for your kindness.　　　　ご親切に感謝します。
　　I'm glad to be of help.　　　お役に立ててうれしいです。
4　I appreciate your cooperation.　　　　ご協力に感謝します。
　　My pleasure.　　　　どういたしまして。
5　Good luck! = Take care! Have a nice day!　　良い一日を。気を
　　　付けて。
　　See you. = See you again.　　　　さようなら。

話の間を取ることば

1　Just a moment, please.　　　ちょっと待ってください。
2　Let me see. = Ah ～ ．　Well ～ ．　You know　　え～っと
3　Maybe ～ ． Perhaps ～ ．　Probably ～ ．　　　たぶん～
4　By the way. = So, ～　　ところで
5　How about you? = What about ～ ?　　あなたはどう思いますか。
　　What do you think of ～ ?　　　　　～をどう思いますか。
　　Oh, really? Wow!　　　ほんと？うわぉ……そうですか。
6　Yes, great!　そう、いいね。　Then?　それで。

ワイン注ぎ（BC1500 年 ヒッタイト王国の器）写し

3つ星英会話 ＝ （相手への心づかい）

○　よいご縁のネットワークが美しい円を描く。
○　ありがとう・偉いね・よくやったね・美味しかったよ　思いやりのある言葉が良い人間関係をつくる。
○　人はプライドを持っている。相手のプライドを傷つけてはいけない。
○　外交官や一流のビジネスマンは、相手を気遣う3つ星英語を話す。

相手・人をほめる

1	Great! = Good!	すごいね・いいね。
2	Well done!	よくやったね・偉い。
3	Congratulations!	おめでとう。
4	I'm proud of you!	君を誇りに思う。＝高く評価する。
	You are amazing!	君は最高だ。
5	Interesting! = Fantastic!	おもしろいね。
6	You have a beautiful family.	よい家族をお持ちですね 。

　※子どもや若者を育てるには、2つほめ、1つ諭して育てる。子どもはその家の家風＝ものの考え方・価値観・文化・体験……の中で育つ。

男性をほめる

1	You are open-minded.	あなたは心の広い方だ。
2	He is great. （= smart. stylish)	彼は偉い。（かっこいい）
3	Mr. ○○ is a pleasant person.	○○さんは感じのいい人だ。

女性をほめる

1	She is very sweet.	彼女はとてもやさしい。
2	She is very kind. (gorgeous)	彼女は大変親切だ。（華やかだ）
3	She is a gentle heart.	彼女はおだやかな人だ。
4	You are beautiful.	美しいです。

5　Mrs. ○○ is sensible.　　　　　　○○さんは分別のある賢い人だ。
6　We have good chemistry.　　　　　私たちは相性がいい。

感謝する・礼を言う（親しき中にも礼儀ありは世界共通）

I greatly appreciate for your cooperation.　ご協力に心から感謝します。
I'm grateful (to you) for your help.　　　ご支援に感謝いたします。
Thank you for continued support.　　いつもご支援下さりありがとう。
Again, thank you for your friendship.　あらためて、貴方の友情に感謝します。
We would be grateful for your help.
　　　　　もしそうしていただけたらありがたく思います。
Thank you very much. (so much/ a lot)　　ありがとうございました。
Thank you for everything.　　　　いろいろ有難うございました。
Thank you for your kindness.　　　ご親切にありがとうございます。
Thank you for inviting me.　　　　　お招き頂き有難うございます。
Thank you very much for your warm reception.
　　　　　温かいおもてなしに感謝します。
I (We) really had a good time.　　本当に楽しかったです。
I'll never forget your kindness.　　あなたのご親切を忘れません。
I'm pleased (=glad) to meet you, Mr. Ms. ○○ .
　　　　　○○さん、お会いできて光栄です。

　　◎　お礼を言われた時のことば
You are welcome. = My pleasure.　　どういたしまして。
So am I.　　　こちらこそ。
I was glad to meet you, Mr. Ms. ○○ .
　　　　　○○さんにお会いできて光栄でした。どうぞよろしくお願いします。

相手を思いやる

May I help you?　　　　お手伝いしましょうか。

Are you OK?	大丈夫ですか。
How are you?	（こんにちは）お元気ですか。
That's tough!	それは大変ですね。よくやったね。
That's too bad.	残念でしたね。
I feel for you.	お察しいたします。（お気の毒に）
Thanks OK.（= Well done! = Nice job!）	お疲れ様。（よくやったね）

If you have any trouble, feel free to contact（= tell）me.
　　　もし何か困ったことがあったら、遠慮なく言ってください。

As much as possible, I'll help you.　できる限り、手伝うよ。

なぐさめる＝人は言葉で救われる

It will be all right.	大丈夫だよ。心配ないよ。
Let's take a rest.	少し休もう。
Anybody can make a mistake.	誰でも間違いはあるよ。
You'll get well soon.	すぐ良くなるよ。
You don't have to apologise.	謝らなくていいよ。
Relax! = Take easy!	力を抜け。気を楽に！
You can do it!	君ならできるよ。
I'm counting on you.	期待しているよ。
Don't give up!	諦めないで。
Cheer up!　Go for it!	元気を出そう。ガンバロー。
Good luck!	幸運を祈る。
Thank you . I'll do my best.（答礼）	ありがとう。頑張ります。

励ます

Way to go!	いいぞ。その調子だ
Keep it up, please. = Go for it!	頑張って。
It will be all right!	大丈夫だ。心配するな。
You can do it.	貴女ならできる。

I'm looking forward to it. 　　　　楽しみにしているよ。

We are counting on you. 　　　　私たちは期待しているよ。

I hope everything goes well. 　　　うまくいくことを祈っているよ。

I wish you all the best. 　　　　（同上）幸運を祈る。

　　Thank you. I（We）will do my（our）best.　ありがとう。がんばるよ。

※３つ星英語に使われる代表的な単語とその例文
Could, would, please, greatly, kindly, helpful, grateful, afraid, sorry…

○　Could you please + 動詞 ?　　　　　〜して下さいますか。

○　Would you please + 動詞 ?　　（同上）〜していただけますか。

○　I would greatly appreciate if you could. してくださったら大いに感
　　謝します。

○　Could you kindly prepare 〜?　　　〜をご用意いただけますか。

○　It will be helpful, if you join.　加わって頂けたら大変助かります。

○　We would be grateful if you help.　助けて頂いたら、ありがたいです。

※やんわり断る＝ No と言うには

I'm afraid not. 　　　　　　申し訳ありませんができません。行けません。

I'm deeply sorry, but 〜 . 　　　大変申し訳ありませんが、〜

お願い・依頼する　三つ星英語にしたいところ

I'm sorry to trouble you, but a quick response at your earliest
　　convenience would be appreciated.
　　お忙しいところ恐縮ですが、ご都合のつき次第返事をお願いします。

I understand you're very busy, but I'd appreciate your reply at your
　　earliest convenience. 　　　　　　大変お忙しいと存じますが、できる
　　だけ早くご返事をいただけると有難く思います。

I'm sorry for a tight schedule, but 〜 .
　　　　厳しいスケジュールの中恐れ入りますが、〜。

Could you call back later? 恐れ入りますが、後でお電話くださいますか。

Sorry, speak more slowly, please.（speak up）

　　　　すみません、ゆっくり話して頂けますか。（大きい声で）

Pardon?, ♪ Could you say that again, please?　もう一度話していただけますか。

Could you kindly prepare the report tomorrow?

　　　　　　　　　　　明日報告書をご用意いただけるでしょうか。

Could you kindly help me（us）, please?　　お手伝いくださいますか。

Could you call a taxi for me?　　　タクシーを呼んで頂けますか。

Could you wrap it as a gift, please?　　　贈り物として包んでください。

Could you discount, please?　　　　　　　安くしていただけますか。

Would you please open the window?　　　窓を開けてくださいますか。

Would you join us if you could?　　　　　できたら、参加頂けますか。

Please convey my appreciation to Mr. ○○.

　　　　　　　　○○さんに感謝していたとお伝えください。

May I have a menu?　　　　　　メニューを見せてくださいますか。

青磁扁平瓶

メノウ青磁長頚瓶

I'd like to schedule a meeting for Monday, April 3, at 2: 00 p.m.
　　　　4月3日（月）午後2時、会議をしたいと思います。
It would be helpful if you could join.　　参加頂けたら、大変助かります。

We would greatly appreciate it if you could help us.
　　　　ご支援いただけたら、大変ありがたく思います。
We would be grateful for your help.　　ご支援に大変感謝いたしております。

Why don't you come to my house?　　私の家にこられませんか。
Sure.（はい）＝ Sounds good.（いいね、ぜひ）＝ I'd love to.（喜んで）
＝ Yes, with pleasure.（喜んで）

許可をもらう

May I have a look?	見てもいいですか。
May I try on these shoes?	この靴を試着してもいいですか。
May I use your bicycle?	君の自転車を使ってもいいか。
May we take a picture of this?	この写真を撮ってもいいですか。
May I ask you a question?	お尋ねしてもいいですか。
Sure. = Go ahead.	ハイ。どうぞ。
May I see Mrs. ○○ ?	○○さんをお願いします。
Could you see me at 3: 00 p.m?	3時の待ち合わせでよろしいですか。
How about meeting at 3 o'clock?	3時にミーティングではどうですか。
Sure. = OK = Sounds good.	了解しました。いいですよ。

お詫びする、謝る

Sorry! = Excuse me. = I'm so sorry.　　　すみません。失礼しました。
I'm sorry to trouble you.　　ご迷惑をおかけします（よろしく）。
I'm sorry to have troubled you.
　　　　ご迷惑をおかけして申し訳ありませんでした。

I'm sorry I'm late.　　　　　遅れてごめんなさい。

I'm deeply sorry for causing this inconvenience.
　　　　　ご迷惑をおかけしお詫びいたします。

I apologize for any inconvenience.
　　　　　いろいろご迷惑をおかけして申しわけありません。

I'd like to express my sincere apology for inconveniencing you.
　　　　　ご迷惑をかけたことを心からお詫びを表したい。

◎　相手が謝った時のことば

No problem. = No worries.　　　　気にしないで。

Be careful.　　　　気を付けてくださいね。

Maybe another time.　　　　では、またね。またの機会に。

確認・念を押す

Would you say that again?　　　　もう1度説明してくださいますか。

You are Mr. White, right?　　　　ホワイトさんでしたね。

We don't have a meeting today, right?
　　　　今日はミーティングありませんでしたね。

I'd like to double-check 〜.　　　〜について再度チェックしたいです。

I'd like to confirm 〜.　　　　〜について確認したい。

I'd just like to remind you of our meeting for Monday, March 6 at 3 p.m.
　　　　3月6日（月）3時の会議を確認させてもらいました。

Just a moment, please. Let me ask my boss.
　　　　ちょっとお待ちください、上司に聞いてきます。

I really don't know, let me ask the person in charge.
　　　　私ではよくわかりません。担当者に聞いてきます。

Great!　　　　いいね

賛成・肯定・同意する

Yes, yes.　　　　うん、うん

You're right! = Exactly!　君は正しい、その通り

I think so, too.　　私もそう思うよ

I'm for it.　　　賛成だ

Sounds good! = Looks good.　よさそうだ

Good idea!　　いいアイデアだ

Super! = Wonderful! = Amazing!
　　　すごい、素敵だ

Interesting!　　面白いなあ

Perfect!　　完ぺきだ

Why not?　　いいじゃないの

青磁輪花鉢

自分の考え・思いを言う

　相手の考えや思いを"そうですか、なるほど"と聞いた後で自分の意見を言う＝礼節を尽くして言うべきことは言う。（自分の考えや思いを言わない人間は欧米では評価されない）

Is that so?　　　　　　　　　そうですか。

In a way, you are right.　　　　ある意味では、君は正しい。

I agree that's a good idea, but I think we need to do more.　　それは
　　　　いい考えだと思う、しかし私はもっと努力する必要があると思う。

In my opinion, we should do 〜 more.
　　　　私の意見は、もっとベストを尽くすべきだと思う。

I'd like to propose 〜 .　　　　〜を提案したい。

You should go there.　　　　そこへ行くといいですよ。

How about this plan（idea）？　この計画はどうですか。

I believe that 〜　　　　　　〜を信じます。

I'm against.　　　　　　　私は反対です。

I'm afraid not.　　　　　　申し訳ないができない。行けない。

相手の意見・考えを求める

What about you? = How about you?	あなたはどう思いますか。
What do you think?	同上
What is your opinion?	貴方の意見は

同意できないときの相づち

Is that so?	そうかね
Really? So much?	ほんと？そんなに
That's impossible.	無理だよ
That's not funny.	それ面白くないね。
I'm sorry, but I don't agree.	申し訳ないけど、賛成できないよ。
I'm worried about ～ .	～が心配だよ。
I'm afraid you are wrong.	言いにくいけど、君は間違っているよ。
You must be joking!	冗談だろう＝信じられないよ。

No・断る

曖昧な返事は後でトラブル。No はハッキリ言っておくこと。ただし
反対意見・考えは少し控えめに言う方がいい。

I'm sorry, but I don't think so.	申し訳ないが、そう思わないよ。
I'm afraid I have a different opinion.	私は違う意見を持っています。
I'm afraid I can't agree.	申し訳ないが、賛成できません。
I'm sorry, but I have a little difference.	すまないが、私は少し違うよ。
I'm so bad at ～ .	苦手だ。苦手だなあ。
I'm worried about losing ～ .	～を失うことが心配だよ。
I'm afraid not.	申し訳ないが出来ない・行けない。
No, thank you.	いいえ結構です。ヤダよ。

忠告する・叱る

忠告・助言・注意する時、しゃべり過ぎることが多い。要注意！
〈 口は１つ、耳は２つ！〉
※宗教・イデオロギーで相手をやり込めてはいけない。
たとえ子どもでも相手の人格を否定するようなことを言ってはいけない。
人の批評は、必ず尾ひれがついて相手に伝わる。

You should eat more vegetables.　　もっと野菜を食べなさい。
You'd better see a doctor.　　医者に診てもらった方がいいぞ。
Don't stay up too late.　　遅くまで起きていてはいけないよ。
Don't forget to bring your umbrella.　　　傘を忘れるな。
You should try.　　やってみなさい。
Never give up!　　決して諦めるな。

◎　上手な叱り方⇒ 叱り方のワン・セット

①　先ず（叱る・忠告する）相手の美点や日頃の労をねぎらう・褒める
Thanks. Well done! = Nice job!　　ご苦労さん、よくやった
②　○○をして欲しい・直せ……と要求する
You should read more books.　　　もっと本を読みなさい
You should put 〜 in order.　　　〜を整頓しなさい
③　励ます
You can do it.　　君ならできる
I'm counting on you.　　期待しているよ

異民族と仲良く暮らすための大切な言葉

相手の言葉（母国語）で挨拶する！　1〜5を着陸1時間前までに覚える。
英語圏なら1〜5

1	今日は	Hello.
2	ありがとう	Thank you.
3	お先にどうぞ	After you.
4	すみません	Excuse me.
5	さようなら	See you. 又は Good luck.

○マナーとは、自分がして欲しくないことを相手にしないことではないか。マナーや人間性の多くは子供のころに培われる。子どもはその家の文化（ものの考え方・価値観・体験……）の中で育つ。

◎自分の町に色々な国の人が暮らしている場合、相手の母国語であいさつをすると平和に暮らせる。

時間があれば　プラス

○　おいしかった（ごちそうさま）	It was delicious.
○　〜してもいいですか	May I 〜 ? (look, try, have……)
○　公衆トイレはどこにありますか	Where is the public rest room?
○　〜したい。	I'd like to 〜
○　道に迷いました。地図を描いてもらえませんか。	

　　　　　　　　I got lost. Would you kindly draw a rough map?

　所変われば想定外のことに出会う。メンツにこだわらず、柔軟かつ平和的に対処できる知恵・人間力を備えたい。外交やビジネスの交渉は互いの利害・国内事情が複雑に絡み10回や20回でまとまることは少ない。優れた交渉者は、時の趨勢と方向性を述べるだけで相手を攻め立てない。
　短気を起こさず天・地・人の時節を待つ百忍の勇気も必要。リーダーが理想を失えば部下・国民は迷い社会は混沌となる。

自分の気持ち（心）や感情を表現する

1　うれしい・楽しい

I'm (so) happy.	とってもいい気分だ。嬉しい
This is fun！	おもしろい
I (really) had a good time.	とっても楽しかった。良かった

2　おもしろい・素晴らしい・感動した

That's funny！	おもしろい
That's amazing！	すごい。素晴らしい
I am moved！	感動した
Well, well.	いいなあ、いいなあ
It's great scenery. = Great view.	いい眺めだ（景色だ）

3　好きだ　　　　嫌いだ

I like ○○.		I dislike ○○.	
I love it (this).	好きだ。	This is not for me.	私の好みではない

4　ホッとする。安心した

That's good to know.	それを聞いて安心したよ
I feel much better (now).	大変いやされる
I'm relieved.	安心した

5　緊張する

I'm getting nervous.	緊張するなあ
I was very nervous before the interview.	面接の前に大変緊張した
This makes me nervous.	これは緊張させられる
I want to run away.	逃げ出したいよ

6　嫌になった・つまらない・がっかりだ・疲れた

I'm bored.（How boring！）	飽きたよ。つまらない

I've had enough.	もういいよ。もう十分だ
I'm not happy.	不満だ。嬉しくない
I'm disappointed.	がっかりだよ
I was tired.	つかれた

7 怒れる

I'm angry (with him).	怒れる（あいつは）

8 困った・困っている

I'm in trouble.	困った。困っている

9 恥ずかしい

I'm (so) embarrassed.	恥ずかしい
I was (so) embarrassed.	恥ずかしかった

10 体調がよくない・気分がすぐれない（熱がある・目まいがする）

I'm not in a good health. = I feel sick.　体調（気分）がよくない

I have a problem here.　体調がよくない

I feel motion sick.　乗り物酔いしている

I have a fever.　熱がある

I feel dizzy.　目まいがする

My head hurts.　頭が痛い

　= I have a headache.

写3　豊田市香嵐渓

日本語や漢字をそのまま英語にしないこと

　例えば、四面楚歌・勝てば官軍・そんなこと朝飯前だ。自己は星より遠いなどの直訳は不可能と言ってもいい。その意味する内容やイメージなどを掴み、少し不自然になってもやさしい英語にする。以下は私の試み。

四面楚歌　　We can't find a way. または I am faced with a big problem.

勝てば官軍　　　　　　　　Might is right.

そんなこと朝飯前だ　　　　　　　It's easy！ または No problem.

お前に任せる　　　　　　It's up to you.

頭を使え　　　　　　Use your imagination./Do the math.

良い考えがある　　　　　　I'll tell you what.

様子を見よ（成り行き次第）　　　Wait and see.

郷に入ったら郷に従え（格言）　　When in Rome, do as the Romans do.

光陰矢の如し（格言）　　　　　　Time flies.

時代遅れ　　　　　Out of date.

時間切れだ　　　　　Time is up.

自分がわかっていない。＝ 星は見えても自分が見えていない。

　　　　　To know oneself is difficult. = You don't know yourself.

経費削減　　　　　　　Cut cost.

当面の間は（＝短期的には）in the short run,　長期的には in the long run,

詳細については、メールで尋ねて下さい　　For further information, please mail 〜

津波に警戒せよ　　　Be aware of Tsunami.

全員無事か点呼せよ　　　Make sure everybody is here.

非常食や水を備えよ　　prepare emergency food, water, and 〜

新規事業計画、新企画　　　　new plan

交通渋滞に巻き込まれた　　　We got into a traffic jam.

　　◎　やさしい言葉に変える例

解明する find か uncover　　　採用する・利用する・活用する use

削減する・節約する cut　　　先着順に a first- come

○　名文とは、難しいことを平易な言葉で、わかりやすく書かれた文である。迷文は、易しいことを難解な言葉を使って長々と書かれた文。

26

街で・路上で話しかける

Hello.

Excuse me.　　　　失礼します ＝ Excuse me Sir.　（目上の人に）

Excuse me Ma'am.　　　奥さん・Miss　お姉さん・お嬢さん・先生

May I have a favor?　　　　　ちょっとよろしいですか。

What are you doing here?　　　ここで何をしておられますか。

Where do you go?　＝Where to?　どこへ行かれますか。

Where are you from?　　　　　どこからお見えですか。

I'm from Canada.　　　　　カナダから来ました。

I got lost.　　　　　　道に迷いました。

Could you tell me the way to the station?

　　　　　駅へ行く道を教えてくださいますか。

I'm sorry, I'm a stranger here.　　すみません、私この辺初めてです。

Shall I take (guide) you to the station?　　駅まで一緒に行きましょうか。

道案内

Look, it's over there.　　　　ほら、あそこです。

Just around the corner.　　　すぐそこの角ですよ。

It's that way.　　　　　あちらです。

This way, please.　　　　こちらへどうぞ。

Here comes the bus.　　　（ほら）バスが来ました。

Go straight to the end of the road, and then turn right.

　　　　　道路の突き当たりまで行って、それから右に曲がってください。

Go straight, and you'll find the station.　　まっすぐ行くと駅に行けます。

Turn left at the next corner, you will find it.次の角を左に曲がると見えます。

Would you kindly draw a rough map?　簡単な地図を書いてくださいますか。

Sure, no problem.　　　　　ハイ、いいですよ。

Would you like to come with me?　私と一緒に行きませんか。

Why don't you go there with me?　同上

Thank you very much.
ありがとうございました。
You are welcome.
    = My pleasure.
    どういたしまして。
I'm glad to be of help.
    お役に立て嬉しいです。

須恵器　七連盃（珍味を盛る）

観光と案内

Welcome to Japan.（our inn, our house）　　　日本へ（私たちの宿・家へ）
    ようこそ。
May I help you?　　　　　　　　　　　いらっしゃいませ。
Do you have a reservation?　　　　　　　予約されていましたか。
Would you fill out this form, please?　　　　この用紙に記入く
    ださい。
May I copy your passport?　　　　　　パスポートをコピーしてもい
    いですか。
　　　　Yes. = Sure = Certainly　　　はい。
Until when are you going to stay here?　　いつまで滞在されますか。
You must be tired.　　　　　　お疲れでしょう。
Just a moment, please.　　　　　　ちょっとお待ちください。
Your room is 501 on the fifth floor.　　お部屋は 5 階の 501 です。
Take it easy. = Take your time.　　　どうぞ、ごゆっくり。
You can use the safe.　　　金庫も使えます。
You can also use the open-air bath.　　露天風呂も使えます。
Where should I go first?　　先ずどこへ行ったらいいかね。

What do you recommend for sightseeing?　　お勧めの観光は何ですか。

You should go to Nara.（Nagoya castle）
　　　　奈良へ行かれるといいです。（名古屋城へ）

Could you tell me the schedule after this?　　この後のスケジュールを
　　　教えてくださいますか。

Please let me know if you fix the date.　日程が決まったら教えてください。

I'd like to walk around the old town.　　古い街並みを歩いてみたい。

This brochure contains an area map.
　　　　このパンフレットに周辺の地図が載っています。

Would you draw a rough map?　　簡単な地図を描いて頂けますか。

Sure. = No problem. = OK = All right.　　ハイ、いいですよ。

Do you have a half day tour?　　半日観光がありますか。

How long does this tour take?
　　　　このツアーはどの位時間がかかるか。

Do I need to book（for the tour）？　　　予約が必要ですか。

What time is the next guided tour?　　　次のツアーは何時ですか。

The Hop-on Hop-off bus is enough.　　　周遊観光バスで十分だ。

Would you know any good（casual）restaurant near here?
　　　　この近くに良い（手ごろな）レストランはありませんか。

Why don't you go there with me?　私と一緒にそこへ行きませんか。

How about going to ～ ?　　　　　　　～へ行ってはどうですか。

I'll guide you. =Let me show you around.　　　案内しましょう。

May I take a picture of you?　　貴方の写真を撮ってもいいですか。

May I take a picture here?　　ここで写真を撮ってもいいですか。

Yes, but without a flash.　　フラッシュ無しならいいです。

Where is the public rest room?　　公衆トイレはどこにありますか。

Excuse me, May I use the bath room?　　トイレを貸して頂けませんか。

Give me a hand, please.　　手を貸してください。

How much is an admission ticket?　　　入場券はいくらですか。

1,000 yen. The curtain rises at 2: 00 in the afternoon.
　　　　1,000 円です。午後 2 時開演です。

What's your plan for tomorrow?　明日の計画はどうなっていますか。

I'd like to take a day trip.　Are there any good places?
　　　　１日旅行をしたいです。どこかいい所がありますか。

How about "Kourankei"?　It's famous for autumn foliage.
　　　　香嵐渓はどうですか。紅葉が有名ですよ。

That sounds good (nice, great).　　　　それはいいね。

Would you like to come with me?　　　　一緒に行きませんか。

Yes, I'd love to.　　　　ぜひ。

Thanks for showing me around today.
　　　　１日中案内していただき有り難うございました。

My pleasure.　　　　どういたしまして。

There are hourly buses to the airport.
　　　　空港行のバスは１時間ごとにありますよ。

Have a nice day !　　　　良い一日を！（さようなら）。

乗り物（地下鉄・列車・バス・タクシー）

Where is the entrance to subway station?　地下鉄の入り口はどこですか。

Is this the right train for 〜?　　　〜行きはこの電車でいいですか。

Excuse me, could you tell me how to go to Toyota City?
　　　　すみません、豊田へはどうやって行けばいいか教えてください。

Sure, please take Toyota Line.　　ハイ、豊田線に乗ってください。

Take the train on track 2, please.　２番線の電車に乗ってください。

The train comes every 15 minutes.　電車は15分ごとに来ます。

I'm sorry, I don't really know.　　すみません、よくわかりません。

Where should I transfer for 〜?　　　〜行きはどこで乗りかえますか。

OK, Take Toyota Line there.　　はい、そこで豊田線に乗ってください。

How many stops is ○○ from here?　　○○はここから幾つ目ですか。

Three stops from here to ○○.　　○○はここから３つ目です。

What is the next station?	次の駅は何ですか。
Please, get off at the next station.	次の駅で降りてください。
Thank you very much.	ありがとうございました。
Which bus goes to city hall?	どのバスが市役所へ行きますか。
Take bus No.3, please.	3番のバスに乗ってください。
Where should I get off?	どこで降りたらいいでしょうか。
Get off at city hall.	市役所で降りてください。
How long does it take?	どのくらい時間がかかりますか。
About 10 minutes.	約10分です。
How long does it take on foot?	歩いてどのくらい遠いですか。
About 30 minutes.	約30分かかります。
Where can I get bus 8?	8番バスはどこですか。
Here. Over there. There.	ここです。あそこです。あちらです。
Does this bus go to Nagoya station?	このバスは名古屋駅に行きますか。

※ ことばの泉

bullet train　新幹線、express train　特急列車、a super express　超特急、an express　急行、a local train　普通列車、a night train　夜行列車、rapid train　快速列車、a train schedule　列車の時刻表、central wicket　中央改札口、the south gate　南口、for ○○　○○行き、△△ line　△△線、number 5　5番ホーム、a line = a route bus　路線バス、high way　高速道路、priority seat　優先席、signal　信号、station staff　駅員、a coupon ticket　回数券

列　車

The bullet train is fully booked.	新幹線は予約でいっぱいだ。
I'd like to a reservation seat. The five o'clock train.	
	指定席をお願いしたい。5時の列車。
How much is a ticket to Kyoto?	京都までいくらですか。

タクシー

Where can I get a taxi?　　　　　タクシーはどこで乗れますか。

Where to?　　　　　　　　　　どこまでですか。

I'd like to go to the airport　　　空港まで行きたいです。

空港・機内で

I'm going to fly to Paris. Take Flight 785.（seven, eight, five）

　　　　パリ行き、785 便に乗るつもりです。

I'd like to take an aisle seat, if possible.

　　　　できたら、通路側の席をお願いしたい。

I'd like to get a bulkhead seat.

　　　　足元の広いバルクヘッドの席をお願いしたい。

Could I carry this bag on board?　このカバンは機内に持ち込めますか。

　※乗り継ぎの場合、預けた荷物が紛失することがままある。

　　　　重要なものは持ち込むこと。

How can I get to gate 3?　3 番ゲートへはどうやって行けますか。

Are there any staff members who can speak Japanese?

　　　　日本語を話すスタッフはおられますか。

Could I get（= May I have）another blanket and pillow?

　　　　もう 1 つ毛布と枕をお願いできますか。

Attention, please！　　　　　皆さんにお知らせいたします。

入国手続き

Show me your passport please.　　パスポートを見せてください。

Sure. Here you're.　　　　　　ハイ、どうぞ。

What's the purpose of your visit?　旅行の目的は何ですか。

Sightseeing.　観光です。　　For business.　ビジネスのためです。

How long will you be staying?　　滞在期間はどのくらいですか。

For ten days.　　　　　　10 日間です。

What's in your bag（trunk）？　カバンの中は何が入っていますか。

Please exchange for dollars.　　ドルに両替してください。

※　空港内の両替所が
一番信頼できる。

猿投青磁瓢箪形瓶

買物での会話

May I look at this?　　　　これ、見てもいいですか。

　Go ahead, please. How about this one?　ハイどうぞ、これはどうですか。

I'm (just) looking, thank you.　　　ありがとう、見ているだけです。

Do you have anything cheaper?　　　　他に安いものがありますか。

　Sure, here you are.　　　ハイ、どうぞ。

How much is this in Yen (dollar)?　これは円でいくらですか。（ドルで）

OK, I'll take this.　　　オッケー、これを買います。

Could you discount, please?　　　安くして頂けますか。

We can discount by 10 percent.　　10％安くできます。

May I try these shoes?　　　この靴を試しにはいてもいいですか。

Anything else?　　　他に御用はありませんか。

That's enough.　　　十分です。

How much is it altogether?　　　全部でいくらですか。

800 yen in total. Here is your change, 200 yen.　計800円、おつり200円。

We only take cash, is that ok?　　　現金販売ですがいいですか。

This price includes tax. この値段には税金が含まれています。

This price doesn't include tax. この値段には税金が含まれていません。

Where is the supermarket? 食料品店はどこにありますか。

Is it open on Sunday? 日曜日も開店していますか。

It's open from 9: 00 a.m. to 6: 00 p.m. 午前9時から午後6時まで開いています。

Which（one）do you recommend? お勧めはどっちですか。

These goods sell well. これらの商品はよく売れています。

It's a bargain. これはお買い得ですよ。

Could you say that again, please? もう1度説明してください。

Could you wrap it（these）as a gift? ギフト用に包んで下さいますか。

Could I send it by air? 航空便で送れますか。

Could I get it tax-free? 免税ができますか。

Please turn in this paper at the refund counter at the airport.
空港の免税カウンターにこの用紙を提出してください。

I ran out of money. お金を使い果たした。

For free. = Free of charge. これら無料です。

I got it free. ただでもらった。

May I try this on? これ試着してもいいですか。

It's too small（big）for me. 私には小さすぎるなあ（大きい）。

Shall I show you a bigger one? 大きいものをお見せしましょうか。

Do you have anything a little cheaper? 他に少し安いものはありませんか。

Sure, here you are. わかりました、これはどうですか。

It's 5,000 yen. 5,000 円です。

Calculate from the beginning again, please.
初めからもう1度計算してみてください。

Where is the person in charge? 係の方＝担当者はどこにみえますか。

Which do you recommend? どっちをお勧めですか。

What is the value of this? これの価値＝良いところは何ですか。

Please choose one from these. これらの中から一つお選びください。

This benefits you. これはお得ですよ。

ネットで買う・トラブル

It's more reasonable if you buy it online.　ネットで買えば得だよ。

Customer reviews are helpful.　　客の評判が役に立つ。

I'm looking forward to the arrival of order.
　　　　商品が届くのが楽しみだ。

I have been waiting for the arrival of the item for a month.
　　　　商品が1か月も届きません。

The item I had ordered was damaged.　注文した商品が壊れていたよ。

Could you exchange it for another one?　交換してくれませんか。

I would like to return it for a refund.
　　　　返品するので返金してほしい。

The item you sent is not the same as explained.
　　　　送ってきた商品が説明と違うよ。

レストラン＆食堂で

Are there any good Japanese restaurants around this area?
　　　　この辺に良い日本料理のレストランはありませんか。

I prefer to inexpensive and casual one.　　　私は安くて普通がいい。

I'd like a shop popular among the locals.　　地元で評判の良い店がいい。

I'd like to try local specialties.　　　郷土料理が食べたいです。

Please leave it to me.　　　私に任せてください。

How many in your party?　　何人様ですか。

I'd like to make a reservation for two.　　二人、予約したい。

We have a reservation for two.　　二人で予約してあります。

Could I have a menu, please?　　メニューを見せてください。

Would you have a menu in Japanese?　日本語のメニューがありますか。

This is today's special.　　　これが今日のお勧めです。

I'd like to order, This one, this one, …… and this one, please.
　　これと、これと、そしてこれをお願いします。

I'll have ○○ and ○○ , please.　　私は○○と○○をお願いします。

For me beefsteak and coffee, please.
　　私にビーフステーキとコーヒーをお願いします。

Anything else?　　　他に何か。

Would you like something to drink?　　何かお飲み物はどうですか。

I'd like to have a cup of green tea.　　緑茶をお願いします。

Could I have a glass of red wine（water）？
　　赤ワイン（水）を1杯お願いできますか。

How would you like your steak?
　　ステーキの焼き加減はどのようにしましょうか。

Well-done（medium), please.
　　よく焼いて（ミディアムにして）ください。

Oh, this steak is very tender.　　おお、この肉は柔らかい。

This dish is delicious.　　この料理はおいしいです。

I'm glad you like it.　　喜んでいただき嬉しいです。

Would you like some cake for dessert? デザートに何かケーキはどうですか。

I'm afraid my cake hasn't come yet.
　　すみません、ケーキがまだでてきませんよ。

I'll buy your dinner（lunch）= This is my treat.　　私が支払いします。

Can we pay separately?	別々に支払うことができるかね。
How much is my share?	私の分はいくらですか。
Do you take credit cards?	クレジットカードでもいいかね。
I'll pay in cash.	私は現金で払います。
I'm afraid, the total is not correct.	すみません、合計が正しくないです。
Could you calculate it again?	もう1度計算して下さいますか。

食事中の会話

Japanese people say "Itadakimasu" before eating.
日本人は食べる前に "いただきます" と言います。

Japanese plates come with rice and miso soup.
日本料理では、ご飯と味噌汁がでます。

Miso soup is nutritious.	味噌汁は栄養があります。

This dish looks delicious. = This dish is very good.
この料理はおいしそうだ。

May I have another（helping）?	お代わりしてもいいですか。
Please help yourself.	どうぞご自由に食べて下さい。
Would you like some more?	もっといかがですか。
No, thank you. I'm full.（enough）	もうお腹いっぱいです。
May I have some tea?	お茶を頂いてもいいですか。
I'd like some cake.	ケーキを頂きたい。
Of course, Here you are.	もちろん、どうぞ。
It was delicious, thank you.	ご馳走様でした。
Have you ever tried natto?	納豆を食べたことがありますか。
This is Wasabi. It's very pungent.	これはわさびで大変辛いです。
No tip in Japan.	日本ではチップはいりません。
Sushi-go-round restaurant is inexpensive.	回転すしは安いです。
Sound good! How should I eat?	いいね！ どうやって食べますか。

You can take your favorite sushi plate.
あなたの好きな寿司を取ることができます。

ホテル・宿で

I booked a hotel online.　　　　　　ネットでホテルを予約した。

What name is your reservation under?　誰の名前で予約してありますか。

I have a reservation on Naruse.　　　成瀬で予約した者です。

I'd like to check in, please.　　　　チェックインしたい。

We have been expecting you.　　　　貴方をお待ちして おりました。

Your passport, please.　　　パスポートを見せて下さい。

Could you sighn here?　　　ここにサインして下さいますか。

How much is it for a night?　　　一泊いくらですか。

Could I extend my stay for a night?　　　　もう１泊できますか。

Hello, this is room 503, Naruse speaking.　　もしもし 503 の成瀬です。

May I help you?　　　　何か御用ですか。

Could you give me a wake-up call at 7: 00?
　　　　　７時に起こしてくださいますか。

I've lost the room key.　　　　部屋のキーを無くしました。

I have locked myself out.　　　鍵を部屋に置いてきてしまいました。

旅行のしたく

I wonder how safe it is now.　　　今は、治安はいいかなあ。

How much cash should I bring?　　現金をいくら持っていけばいいか。

What is the weather like over there?　　あちらの気候はどうかなあ。

It can get pretty chilly in the evening.　　　夜はかなり冷えるようだ。

Let's take a sweater. (just in case)　（念のため）セーターを持っていこう。

Don't forget to take a medicine.　　薬を持っていくことを忘れるな。

※　旅の話の例文

We went to Kyoto on a school trip May 7 to 9.
私たちは 5 月 7 日から 9 日まで修学旅行で京都へ行った。
I was glad to take a wonderful tour in Kyoto.
京都で素晴らしい旅をした。
The purpose of the trip was to learn about history.
旅の目的は歴史について学ぶことであった。
We learned a lot from the trip.　　旅で多くのことを学びました。

観劇・美術館

How about going to see ◯◯ ?　　　◯◯を見に行かないか。
I haven't seen it yet.　　　まだそれは見ていないよ。
When and where should we meet?　　どこでいつ待ち合わせしようか。
Let's meet up at the nearest station at 2: 00 p.m.
　　　　最寄りの駅で午後 2 時に会おう。
How much is the entrance fee?　　入場料はいくらですか。
It's pretty crowded. Let's stand in line.
　　　　かなり込み合っているね。列に　　並ぼう。
Two adults and one child, please.　　大人 2 枚、子供 1 枚ください。
Why don't you take a rest?　　　　　　休憩しないか。
Let's take a break at the cafe.　　　カフェで休もう。
How did you feel about ◯◯ ?　　　◯◯をどう感じたかね。
I was so excited.　　　大変感動したよ。
The beautiful art made me feel better. 美しい芸術作品は心を癒してくれた。

カラオケ

Shall we go to Karaoke?　　　　　カラオケに行かないか。
What song is your forte?　　　　　君の 18 番は何という歌かね。
I sing off-key.　　　僕は音痴だ。
Let's sing along !　　　皆で歌おう。
◯◯ is very popular.　　　　　◯◯が大変はやっているよ。

日本人の生活について

◎　日本の生活・日本の伝統文化や歴史について知らない日本人は、いくら上手に英語が話せても外国人からは軽蔑される。彼らは日本のことが知りたいのである。

Japanese people bow to express our respect.
　　　　　日本人は敬意を表すためにお辞儀をします。
In Japan, we take off our shoes before entering a house.
　　　　　日本では、家に入る前に靴を脱ぎます。
Tatami is a floor mat made of straw.　畳はイグサで作られた敷物です。
Please wash your rear before getting into the bath.
　　　　　お風呂に入る前にお尻を洗ってください。
We sleep on futon.　　　　　　　　寝るとき布団をつかいます。
Nowadays, we rarely wear kimono.　今では、着物はほとんど着ません。
Many Japanese people pray for Buddha and their ancestors in the
　　　morning.　　　　日本人の多くは朝、仏陀と先祖をお参りします。

長頸筍瓶

環耳弦紋瓶

日本の年中行事について

1 正　月

Shogatsu is the celebration of the new year. People wish for health and happiness. Many people exchange New Year's Cards.

正月は新年。人々は健康と幸せを祈る。多くの人は年賀状を交換する。

2 節　分

Setsubun is held in early February. Setsubun is the day before the first day of spring according to the Lunar Calendar, usually February 2 or 3. Bean throwing Ceremonies are held in homes, shrines and temples. People yell, "Out with the devil !　In with good luck !" and throw dried soybeans.

節分は陰暦、立春の前日、普通 2 月の 2 ～ 3 日に行われる。豆まきを家庭や神社、お寺で行う。人々は「鬼は外、福は内」と叫び豆をまく。

3 ひな祭り

Hinamatsuri is Doll Festival for girls held on March 3.

ひな祭りは、3 月 3 日に行われる女の子のまつりである。

4 花　見

Hanami is cherry-blossoms viewing. Many people go to see cherry blossoms, and enjoy eating and drinking under the trees.

花見は春の人気行事で、多くの人が桜の花を見に行き、木の下で飲んだり食べたりして楽しむ。

5 こどもの日

May 5 (th) is Kodomo-no-hi, Children's Day. It's a festival for children. Some families with boys usually put up Koi-nobori, Carp-Streamers.

5 月 5 日はこどもの祝日で、男の子がいる家庭では鯉のぼりを揚げる。

6 七　夕

Tanabata = The Tanabata festival. Tanabata is the festival of two stars, Altair and Vega. Many people write their wishes on small piece of paper, and hang them from a bamboo grass. Two stars love each other, but they can only meet once a year on July 7th.

七夕は彦星と織姫のお祭りである。二つの星は互いに愛し合っているが、1年に1度、7月7日しか会えない。多くの子供や人は短冊に願いを書き竹につるす。

7 お　盆

Bon is an annual Buddhist event to welcome spirits of our ancestors in summer.

お盆は夏に行われる。先祖の霊をお迎えするお祭りである。

8 お月見

Tsukimi is autumnal Moon-viewing. Japanese people enjoy viewing the full moon.

秋はお月見、日本人は満月を見て楽しみます。

日本の祝日

1 月	New Year's Day	元旦
	Coming -of Age Day	成人の日
2 月	National Foundation Day	建国記念の日
	Emperor's Birthday	天皇誕生日
3 月	Vernal Equinox Day	春分の日
4 月	Showa Day	昭和の日
5 月	Constitution Day	憲法記念日
	Greenery Day	みどりの日
	Children's Day	こどもの日
7 月	Marine Day	海の日
8 月	Mountain Day	山の日
9 月	Respect -for -the Aged Day	敬老の日
	Autumnal Equinox Day	秋分の日
10 月	Sports Day	スポーツの日
11 月	Culture Day	文化の日
	Labor Thanksgiving Day	勤労感謝の日

日本の伝統文化について

1 俳　句

Haiku is the shortest poem in the world, consisting of 17 syllables.

俳句は最も短い詩である。たった17音節である。

2 短　歌

Tanka is a short poem composed of 31 syllables.

短歌は31音節で作られる短い詩です。

3 茶　道

Sado is the Japanese traditional tea ceremony perfected by Sen-no -Rikyu in the 16th century.

茶道は16世紀千利休によって完成された日本の伝統的なお茶の作法である。

4 生け花

Ikebana is traditional Japanese flower arrangement.

5 能

Noh is the oldest performing art in Japan.

6 歌舞伎

Kabuki is a type of classical Japanese theater. It is only played by men.

7 浮世絵

Ukiyo-e is wood-block printing which was popular during The Edo period. The Great Wave made by famous artist Hokusai is

写4 阿寺渓谷清流

very famous. Ukiyo-e prints were sold like posters across the world.

浮世絵は江戸時代に流行した木版画である。有名な北斎が描いた大きな波が有名である。浮世絵は世界中でポスターのように売られた。

現代の人気・文化

○マンガ　Manga, Anime, the word Kawaii …… Japanese Pop Culture, manga and anime characters are loved in many countries. The word "Kawaii" is used outside Japan now.（kawaii= so cute!）
マンガ、アニメ、かわいいという言葉など、日本の現代文化やアニメ・キャラクターは多くの国で喜ばれ、人気がある。

○和　食　Washoku such as Japanese sushi, tempura, soba-noodles are loved in the world.　和食といえば、寿司、天ぷら、そば……。

○ 折 り 紙　Origami is a traditional Japanese art of folding paper into various shapes. It is made with square, colored pieces of paper without the use of scissors or paste. The most popular figure is tsuru (crane).
折り紙は日本の伝統文化で、いろいろな色の紙をハサミやノリを使わず形にします。最も親しまれている折り方はツルです。

○ゆかた　Yukata are thin cotton kimono. Japanese people often wear Yukata in summer. People go to summer festival in yukata to see fireworks.
浴衣は薄い木綿の着物で、日本人は夏、しばしば浴衣を着る。浴衣を着て夏祭りの花火を見に行きます。

○ 風　鈴　Furin is a glass or a metal chime that makes a pleasant sound in a breeze. People hang furin in the window. We enjoy the beautiful sounds of them.
風鈴は、そよ風にゆられて心地よい音を奏でるガラス又は鉄製のチャイムです。人々は窓辺につるし、その美しい音色をたのしみます。

○座布団　Zabuton is a Japanese cushion. We use it when we sit on tatami mats.

私たち日本人は畳に座るとき座布団を使います。

○こたつ　Kotatsu is a Japanese leg warmer with a heater. It is covered with a futon.

コタツは足を温めるもので、布団で覆われています。

○おみくじ　Omikuji is fortune-telling. You can find at a shrine or a temple. If your omikuji say bad luck, You tie it to a tree branch to change your bad luck.

おみくじは、吉から凶まで出てくる。もし凶が出たら、幸運に変わるよう周りの木におみくじを結びつける。それで吉になるよ。

○絵　馬　Ema is a picture tablet on which a wish is written. It is offered to shrine or temple when people pray for a particular blessing.

絵馬は願いが絵で描かれた木の板。人々が特別な願いをかける時、神社やお寺に掲げる。（お寺や神社でお願いしたり、何かに感謝する時に絵馬が使われます）

○お賽銭　Saisen is a small offering to a shrine or a temple. Please throw change in that box like this.

賽銭は神社や寺への少額の献金です。このように、お金をあの箱に投げ入れて下さい。

○将　棋　Shogi is played by two people, like chess.

○相　撲　Sumo is the national sports of Japan. It's a kind of wrestling. Many people enjoy watching Sumo on TV.

相撲は日本の伝統的なスポーツです。

〝桜をいける〟鈴木真幸登展

レスリングのようで、多くの人がテレビで相撲を見て楽しんでいます。

○柔　道　Judo is a kind of wrestling. It was born in Japan.

　　　　　（back throw 背負い投げ、mat hold 押さえ込み）

○おにぎり　Onigiri = rice ball, onigiri is a very popular lunch in Japan.
We can eat it with hands, so it is best of picnics. It is wrapped
with dried seaweed called nori.

おにぎりは日本で人気のあるランチで、私たちはおにぎりを手で食
べます。ピクニックには最適で、ノリで包んであります。

○赤　飯　Sekihan is rice cooked with red beans. Japanese people eat
it on special occasions.　　　日本人は特別な日に赤飯を食べます。

○せんべい　Sembei is a kind of rice cracker.

○さしみ　Sashimi is sliced raw fish. They are eaten with soy sauce
and wasabi. Many kinds of fish are used for sashimi. Tuna is
very popular.

刺身は生の魚を使います。刺身にわさびをつけて食べます。多くの
魚が刺身に使われ、マグロが大変人気です。

日本の名所の１例　　（　）は説明を表す

○　　皇居　The Imperial Palace

○　　伊勢神宮　Ise-jingu (shrine) Ise- jingu is the oldest shrine in Japan.

○　　出雲大社　Izumo-Taisha (shrine)

○　　厳島神社　Itsukusima (shrine)

◎　Kyoto and Nara have many old temples and shrines.

○　　金閣寺　Kinkaku-ji (temple)

　　清水寺　Kiyomizu-dera (temple)

○　　東大寺　Todai-ji (temple)

　　法隆寺　Horyu-ji (temple)

◎　Nara used to be an ancient capital in Japan. Kyoto also used to be
the capital of Japan for 1000 years.

○　　姫路城　Himeji-jo (castle)

- ○ 大阪城　Osaka-jo castle was built by Toyotomi Hideyoshi.
- ○ 名古屋城　Nagoya-jo castle was built by Tokugawa Ieyasu.
- ○ 熊本城　Kumamoto-jo was built by Kato Kiyomasa.
- ○ 富士山　Fuji-san (mountain)
- ○ 阿蘇山　Aso-san (mountain)
- ○ 琵琶湖　Biwa-ko (lake)
- ○ 十和田湖　Towada-ko (lake)
- ○ 華厳の滝　Kegon-no-taki (waterfall)
- ○ 兼六園　Kenroku-en (garden)
- ○ 箱根温泉　Hakone is famous for it's hot spring.
- ○ 別府温泉　Beppu (hot spring)
- ○ 登別温泉　Noboribetsu (hot spring)
- ○ 熱海温泉　Atami (hot spring)
- ○ 有馬温泉　Arima (hot spring)
- ○ オリンピック競技場
  - The Olimpic Games Stadium
- ○ 甲子園　Koshien (stadium)
- ◎ 名古屋ドーム
  - Nagoya Dome (stadium)

〝桜をいける〟鈴木真幸登展

家 を 訪 問 す る

I'd like to visit your house someday.	いつかあなたの家を訪問したい。
＝ May I call on you?	あなたの家へ訪問してもいいですか。
Please come over my house.	どうぞ私の家へ来てください。
What time (day) shall l visit you?	いつ訪問しましょうか。
I'll come tomorrow morning.	明日の朝行きます。
I'll come as soon as possible.	できるだけ早くいきます。
I'll see you ten in the morning.	午前 10 時ころにします。
Come and see us when you are free.	貴方のお暇な時にお越しください。

Thank you for inviting me.　　　　　お招きいただき有難うございます。
May I come in?　　　　　　入ってもいいですか。
　Please come in.　　　　　　どうぞお入りください。
Don't go to any trouble.　　　　　お構いなく。
Take it easy!　　　　　気楽にしてください。
This is a present for you.　　　　　これプレゼントです。
　Thank you.　　　　　ありがとう。
I'm sorry, I'm late.　　　　　遅れてすみません。
　That's OK. = Never mind.　　　　　いいですよ＝気にしないで。
By the way, How is your mother?　　ところでお母さんはお元気ですか。

○　帰りに礼を言う

I really had a good time. Thank you so much.
　　　　　本当に楽しかった。どうも有難うございました。
Thank you very much, for your warm reception. =We had a warm reception.
　　　　　温かいおもてなし、有難うございました。
Thank you for everything.　　　　　いろいろ有難うございました。
I appreciate your kindness. (cooperation　協力、friendship　友情)
　　　　　貴方のご親切に感謝いたします。
　My pleasure = So do I　　　　　どういたしまして＝こちらこそ。
　This is a present for you.　　　　　これおみやげです。
Thanks a lot.　　　　　ありがとうございます。
We are leaving now.　　　　　失礼します。
Please say hello to everyone.　　　　　皆さんによろしくお伝えください。

○　自己紹介する＋趣味

May I have your name?　　　　　お名前を伺ってもよろしいですか。
　I'm Tom White.　　　　　私はトム.ホワイトです。
　Let me introduce myself.　　　　　自己紹介させてもらってもいいですか。

My name is Naruse Kouji. Call me Naruse.

私の名は成瀬弘治、成瀬と呼んでください。

What year were you born in?　　何年のお生まれですか。

　I was born in 1937.　　1937 年の生まれです。

What's your date of birth?　　貴方の誕生日はいつですか。

　It's March 6, 1937.　　1937 年 3 月 6 日です。

What do you do for a living?　　お仕事は何をしておられますか。

　I work for a trading company.　　貿易会社で働いています。

　I'm a farmer.（a public servant）　私は農家（公務員）です。

　I'm a newspaper reporter.　　私は新聞記者です。

Where are you from?　　どこから来られましたか。

　I came from Toyota city.　　豊田市から来ました。

　I live in Tokyo now.　　今は東京にいます。

How many are there in your family?　　ご家族は何人ですか。

　Five in my family.　　5 人です。

　There are three members in my family　　3 人家族です。

　I have a son.（daughter 娘）　息子が一人います。

　I have two older sisters.　　姉が二人います。

　My grandparents live in Nagoya.　　祖父母は名古屋に住んでいます。

You have a beautiful family.　　良い家族をお持ちですね。

What do you do in your free time? = What's your hobby?

　お暇の時には何をしてみえますか ＝ ご趣味は？

　I like to take pictures.　　写真を撮ることが好きです。

What kind of music would you like?　　どんな音楽がお好きですか。

　I like many kinds of music.　　いろいろです。

I'm collecting stamps, chinaware, and bonsai.

　切手や陶器、盆栽を集めています。

My hobby is growing vegetables and reading books.

　趣味は家庭菜園や読書です。

Do you have any pets?　　何かペットを飼っておられますか。

　I have a dog and a cat.　　犬と猫を飼っています。

家族の日常会話

Wake up, you'll be late.	起きなさい、遅れるよ。
OH, no! Overslept!	いけない、寝すぎた。
Go wash your face. Brush your teeth.	顔を洗って、歯を磨きなさい。
Did you sleep well?	よく眠れたかね。
Yes, I had a good sleep.	ハイ、よく眠れたよ。
Breakfast is ready.	朝ごはんが出来ているよ。
May I have a cup of coffee?	コーヒーを一杯もらってもいいか。
I'd like to have a glass of milk.	ミルクが飲みたい。
What day is it today?	今日は何曜日か。
It's Wednesday.	水曜日だよ。
What is the date today?	今日は何日か。
It's May 10. (tenth).	5月10日だよ。
Please pick up today's newspaper.	今日の新聞を取ってください。
It's (about) time to go.	出かける時間だ。
Do you have everything with you?	忘れ物はないかね。
I'm off. = (I'm going. = I'm leaving now.)	行ってきます
Have a good day.	行ってらっしゃい。
Hurry up, or you'll be late.	急がないと、遅れるよ。

岬馬（都井岬の野生馬）　撮影 原田真二

I'll miss the train. (bus)	電車に遅れそうだ。
I'll be late for a morning meeting.	朝のミーティング遅れそうだ。
Let's go home (now).	（さあ）家に帰ろう。
I got home at 7 : 00 p.m.	午後7時に帰宅した。
I'm home, Mom.	お母さん、ただいま。
Welcome home! = Hi. = Hello	お帰り。
How was your day?	今日はどうでしたか。
I had a tough day.	大変だった。疲れたよ。
You look really tired.	お疲れ様。
Do you go out on weekends or stay home?	週末は出かけますか。
I'm not in the mood for going out.	出かける気になれないよ。
What for dinner?	夕ご飯は何がいいか。
Anything is good.	何でもいいよ。
Yay! It's my favorite!	やったあ、私の好物だ。
This is the time to have an evening drink.	晩酌の時間だ。
Do you have beer? Give me some snacks.	
ビールありますか。おつまみを下さい。	
There's more left. Help yourself.	まだあるよ。どうぞ。
Could I have more? = Could I have another bowl?	お代わりできますか。
I'm full! = I had enough.	お腹いっぱいです。
Thanks for the delicious dinner. (meal)	ご馳走様でした。
Why don't you take a bath?	お風呂に入ってはどうかね。
This TV drama seems interesting.	このテレビ・ドラマは面白そうだ。
Pass me the remote, please.	リモコンを渡して下さい。
Please change the channel.	チャンネルを変えてください。
I'm getting sleepy.	眠くなった。
Could you wake me up at 6 o'clock?	6時に起こしてくれますか。
Good night!	お休みなさい。
Sweet dreams!	良い夢を。
I'm going to take for a walk.	散歩に行きます。
I'll sweep the entrance and wipe the floor.	玄関を掃き、床をふきます。

I'll going to throw out burnable trash, and garbage.
燃えるごみと生ごみを捨てに行きます。

Father goes to golf. Mother is out shopping.
父はゴルフに行く。母は買い物に出かける。

○　日用品

We ran out of salt.　　　　　　塩が無くなった。

We're out of onions.　　　　　　タマネギがないよ。

We still have some.　　　　　　もう少しだけある。

※　ことばの泉

scarf マフラー、shirt シャツ、underwear 下着、suit スーツ、pants ズボン、shoes くつ、sneaker 運動靴、glasses 眼鏡、gloves 手袋、skirt スカート、sock /stocking 靴下、bake 焼く、a light meal　軽食、snack おやつ、a coffee break おやつの時間、boil 煮る・湧かす、fly 炒める、a good dish 美味しい料理、dish おかず、the dishes　食器、canteen 水筒、food expenses 食費、savings 貯金、front door　玄関、living room 応接間、carport 車庫、stairs 階段、cook 料理する、shed 物置小屋、cabin 小屋、delivery = door to door service 宅配便、allowance 小遣い、an old person お年寄り、pee オシッコ、an allergy アレルギー、yard 庭、balcony ベランダ・バルコニー、a baby boy 男の赤ちゃん、a baby girl 女の赤ちゃん

○　休日、家での会話

Are you going out today?　　　　貴方は今日出かけますか。

No. I'll be stay at home.（all day today）　　いや、家にいるよ。

Today, I'm staying in and doing nothing.　今日、家にいて何もしないよ。

I'm going to sleep in today.　　　今日は寝るつもりだ。

I won't set the alarm.　　　　　目覚ましをかけない。

I feel motivated. やる気が出て来た。

Let's wash the car and do the laundry. 車を洗ってそして洗濯をしよう。

My room is so messy. I'll sweep the room.

部屋がすごく汚れている。部屋をそうじする。

That's all. I'll go out. 終わったぞ。出かけよう。

Father goes out for private business. 父は私用で出かける。

We must tell truth from fake news when we use social media such as LINE.

ラインで、事実と偽りのニュースをチェックしなければならない。

Let's have brunch at restaurant. レストランで軽食を食べよう。

I'd like to eat eggs and ○○ . 卵と○○を食べたい。

May I ask you a favor? ちょっと聞いてもいいですか。

 Sure. = Go ahead. どうぞ。

 Do it this way. = Do it like this. このようにやりなさい。

Thank you for your advice. アドバイス有難う。

I'm not sure what I can do, but I do my best.

できるかわからないが、ベストを尽くすよ。

Call it a day. = That's all for day. 終わりだ。今日はおしまい。

刻（こく）

昊（こう）

小林 豊　芸術選奨　受賞記念展

Come on, let's hurry! It's getting dark.　　　おい！暗くなる、急ごう。

Oh, dear! = Oh my!　　　　　　　　　　お久しぶり。

Is your dog he or she?　　　　　　　君の犬はオスかメスか。

Let's take a break. = Let's have a tea break　休憩しよう。

We are almost there. = Let's go our best. = Hang in there!
　　　　もう一息だ。頑張ろう。

※　ことばの泉　家族・親族

grandfather おじいさん（grandpa おじいちゃん）、grandmother おばあさん（grandma おばあちゃん）、parents 両親、husband 主人、house wife 主婦、They are husband and wife. 彼らは夫婦だ。Mr. and Mrs. Sato 佐藤ご夫妻、Ma'am 奥さん、older brother 兄、older sister 姉、younger brother 弟、younger sister 妹、grandchild 孫、grand daughter 孫娘、nephew 甥、niece 姪、son 息子、daughter 娘、the second（son）次男、uncle おじ、aunt おば、cousin いとこ、a son-in-law 婿、a daughter-in-law 嫁、a brother-in-law 義理の兄、a sister-in-law 義理の姉、a great-grandfather ひいおじいさん、a great-grandmother ひいおばあさん、relative 親戚

耀（よう）

晨（しん）

蒼穹（そうきゅう）

2019 年国展ポスター作品

電話での会話

Hello, this is Naruse (speaking).	もしもし、成瀬です。
Is this Mr. Smith?	スミスさんですか。
May I speak to Mr. Smith, please?	スミスさんをお願いします。
This is Smith speaking.	私です。

（間違い電話なら Sorry, you have the wrong number.）

Hi, Naruse. How are you?	ハイ、成瀬。お元気ですか。
Thank you for calling, Mr. Naruse.	お電話いただき有難うございます。
It's been a long time.	お久しぶりだね。
What's up?	何かありましたか？ 調子はいかがですか？
Sure, Just a minute, please.	ハイ、少しお待ちください。
Could you say that again?	もう一度言って下さいますか。
Could you speak up, please?	大きい声でお願いします。
I'm sorry, he's (she's) out now.	すみません、彼は外出しています。
He will be back by 5:00 p.m.	5時までには帰ると思います。
I'm sorry, Mr.○○is now at a meeting.	すみません、○○は会議中です。
Could I leave a message?	伝言をお願いできますか。
Sure = certainly	ハイどうぞ。
Would you want him to call you back?	彼に後で電話させましょうか。
No, thank you. I'll call him back later.	いいえ、私が後程電話いたします。
Could you tell him to come to my house at 2:00 p.m?	
	彼に午後2時に私の家に来るようお伝え下さいますか。
OK, your house at two.	はい、貴方の家に2時ですね。
Yes, thank you.	そうです、ありがとう。
You are welcome.	どういたしまして。
Say hello to your parents for me.	ご両親によろしくお伝えください。

I'm deeply sorry, for causing this inconvenience.

= (I'm deeply sorry, my mistake.)

今回ご迷惑をおかけして、誠に申し訳ありません。

I apologize for the inconvenience to you. ご迷惑をおかけし、お詫びします。

Don't say such a thing.	そんなこと言わないで。
Please tell me the truth.	本当のことを話してください。
I wish you all the best.	うまく行くことを祈っています。
I hope everything goes well.	いろいろなことがうまく行くよう望んでいます。
Thank you（a lot）.	有難うございます。
Please convey my appreciation to Mr. ○○ .	○○さんに感謝しているとお伝えください。
Thank you for your continued support.	変わらぬご支援に感謝します。
I'm looking forward to seeing you in Toyota.	豊田でお会いできるのを楽しみにしています。

※　親しいものの会話

Guess what?	ちょっと聞いて
I'm sending it again.	もう1度送るね
Bye for.（＝ Now）	じゃあね

上中魂（豊田市立上郷中学校）
青年が榊原康政初陣の兜を持つ

松尾芭蕉像（新白河駅前）

スポーツ

The Olympic Games will be held in Tokyo in 2021.
オリンピックが 2021 年東京で開かれます。

The World Cup of Rugby football was held in Toyota-City in 2019.
ラグビーワールドカップが 2019 年豊田市で開催された。

Which team do you cheer for? 君はどっちのチームを応援しますか。

I'm a Dragons fan.（Giants, Nagoya-Grampus, ……）
私はドラゴンズのファンです。（巨人・名古屋グランパス……）

I've been a big fan of Dragons since 2000.
私は 2000 年からドラゴンズの大ファンです。

Dragons came from behind! Very close game.
ドラゴンズが逆転した。すごい接戦だ。

The game will be held on tomorrow evening. 試合は明日の晩行われる。

The game was put off, because of the rain. ゲームは雨で延期された。

How far do you run? どのくらい遠くまで走るの？

About 4 kilo meters. 約 4 キロです。

I want to be a soccer player. 私はサッカー選手になりたい。

I go jogging every weekend. 週末にはジョギングに行きます。

It is an ideal day for picnic. これはピクニック日和だ。

We are nearly at the top. 頂上まで少しだ。

Watch your step! 足元に気をつけよ。

What a nice view! = How beautiful! なんと美しい眺めだ。

Why don't you play tennis (with us)? テニスをしないかね。

= Would you like to play tennis?

I'd love to, but I have to help my mother today.
いいね。しかし、今日は母を手伝わなくてはならないの。

I'm sorry, but I can't. I have other plans. すまん、別の用事があるよ。

Maybe some other time. ではまたね。

体の調子が良くない（病気）・お見舞い

☆　何か問題があったり・体調不良を言うには

I have a problem here. (with my computer)
　　　　　体の調子が良くない。（パソコンの）

I'm not feeling great.　　　　　同　上

I have a fever.　　　　　熱がある。

Could I take a sick leave?　　　　病気で休ませてください。

My head hurts.　頭が痛い　　　　I feel a chill.　寒気がする。

I have a stomachache. (headache, toothache …)　　腹が痛い。

I feel dizzy.　　目まいがする。

I feel like throwing up.　　　　吐き気がする。

I fell down the stairs.　　　　階段から落ちました。

I tripped over a stone.　　　　石につまずいた。

You need to see a doctor.　　　君、医者に診てもらえよ。

Where is the nearest hospital?　一番近くの病院はどこですか。

Where is the drugstore?　　　ドラッグストアは何処にありますか。

Is there a doctor who speaks Japanese? 日本語を話す医者がおられるか。

Please, call an ambulance.　　救急車を呼んでください。

○　お見舞い

How are you feeling?　　　　気分はどうですか。

How are you doing?　　　　調子はどうですか。

　I feel better today.　　　今日は大分いいよ。

I hope you will get well soon. あなたが早く良くなることを願っています。

Take care. = Good luck.　　お大事に See you. またね。

Be kind to your ○○ , please.　　○○さんをいたわってあげてください。

I'll miss you.　　　　　　淋しくなります。

I feel sorry for him (her).　お気の毒に。

季　節・気　候

Which season do you like the most?　　　あなたの一番好きな季節は？

　I prefer spring to fall.　　　秋より春の方が好きです。

　I can't wait for spring.　　　春が待ちどうしいです。

Spring has come! Plum trees are blooming.　春が来た。梅が咲きます。

Pleasant weather!　　　　　気持ちのいい天気だ。

Let's go to a cherry blossom viewing party.　花見に行こう。

Let's go to see fireworks at Yahagi-River.　矢作川に花火を見に行こう。

It's already fall.　　　　　もう秋だ。

Leaf viewing season has come.　　　紅葉の季節が来た。

It can get pretty chilly in the evening.　　夜はかなり冷えそうだ。

Aren't you cold?　　　　　寒くないかね。

Winter is coming.　　　　　冬が来るよ。

Asahikawa is very (terribly) cold in winter.　　旭川は冬、大変寒い。

Merry Christmas & Happy New Year!　　クリスマス・新年おめでとう。
Have a Happy New Year!　　　　　　良いお年を。

※　ことばの泉

春	spring	=	March	3 月	April	4 月	May	5 月
夏	summer	=	June	6 月	July	7 月	August	8 月
秋	autumn	=	September	9 月	October	10 月	November	11 月
冬	winter	=	December	12 月	January	1 月	February	2 月

Calendar　カレンダー、National holiday　祝日

in early ○○、　　　　○○の上旬に

in late △△、　　　　△△の下旬に

天気予報・天候・台風

It's a fine day. = It's a beautiful day.　　　　晴れだ・良い日だ。

Lovely breeze.　　　　　　　　　　いい風だ。

It's cloudy (today).　　　　　　　　曇りだ。

It's rainy.　　　　　　　　雨だ。

Looks like it's going to rain.　　　雨が降りそうだ。

It's starting to rain.　　　　　　　雨が降ってきた。

It's stopped raining.　　　　　　　雨が止んだ。

It's going to snow (tomorrow).　　　（明日）雪になりそうだ。

It's nice and warm today.　　　　　今日は暖かくていい日だ。

It's too hot. = It's really hot.　　　暑い日だ。

Today's high is 36 degrees Celsius.　　今日の最高温度は摂氏 36 度だ。

It's cool today.　　　　　　　今日は涼しい。

It feel a bit chilly.　　　　　　ちょっと肌寒いなあ（よ）。

It was minus 2 degrees Celsius this morning.　今朝マイナス２度だった。

The first class cold has come to Hokkaido-Kitami on February 9. 2019.
High was -11 and the low was -31 degrees Celsius.

第１級の寒波が２０１９年２月９日北海道の北見にやってきた。

日中の最高がマイナス１１度、最低が摂氏マイナス３１度。

Chicago is terribly cold in winter.　　　　シカゴは冬極めて寒い。

What's the weather of tomorrow?　　　　明日の天気はどうかな。

Have you checked the weather forecast?　君は天気予報を見たか。

The forecast says it will fine (rain) tomorrow.

天気予報は明日晴れる（雨）だろうと、言っているよ。

I hope it will be sunny tomorrow.　　　　明日晴れるといいなあ。

If it snows tomorrow, I won't go out.　　　明日雪なら、出かけないよ。

The forecast says a typhoon is approaching.

予報で台風が来ると言っている。

Typhoon No. 22 is getting closer to Tokai area.

台風22号が東海地方に接近中。

Electricity will be out!　　　　　　停電になるぞ。

Do we have any lamps?　　　　　　ランプがあったかなあ。

The typhoon came closer. Electricity was out.

台風が接近してきた。停電になったぞ。

Turn on lamps.　　　　　　　　　ランプをつけよ。

※　ことばの泉

weather forecast = report 天気予報、temperature 気温、humidity 湿度、a high 最高気温、a low 最低気温、dry 乾燥、fine 晴れ、cloudy　曇り、rain 雨、snow 雪、thunder 雷、storm あらし、fog 霧、frost　霜、cloudy with rain 曇り時々雨、occasional rain 時々雨、Celsius　摂氏、typhoon 台風 、chilly 肌寒い

交 通 事 故・盗 難

Are you OK ?	大丈夫ですか。
Oh（my）God！	大変だ・困った。
What happened?	何が起こったのか。
My friend got hit by car.	友達が自動車に跳ねられた。
Please, call the police.（110番）	警察を呼んで下さい。
Please, call an ambulance.（119番）	救急車を呼んで下さい。
Could you call a road service for me?	
（JAF）道路サービスを呼んで下さいませんか。	
I'm out of gas.	ガス欠だ。
I have a flat tire.	タイヤがパンクしてしまった。

●注意せよ

Watch out！	危ない	Watch your step！	足元に気をつけよ
Look out！	気をつけよ	Look ahead！	前を見よ（て）
Slow down！＝Don't hurry！		スピードを落せ	
Pull over！	車を止めよ		
Keep out！	進入・立ち入り禁止		
Attention, please.	静粛に		

盗 難

Thief！	ドロボーだ！
Be careful for pickpockets！	スリに気をつけよ！
My bag was stolen.（wallet, purse）	カバンを盗まれた。（財布）

I lost my passport. I don't know where I lost it.

　　　　　パスポートを無くした。どこで無くしたかわからない。

You need to reissue your passport at a Japanese Consulate or the Embassy.　貴方は日本領事館か日本大使館で、パスポートを再発行してもらう必要があります。

※　ことばの泉

crosswalk 横断歩道、crossing 交差点・踏切、notice 注意せよ、
caution　注意・警告、hospital 病院、clinic 医院、doctor 医師、
nurse 看護師、　drugstore 薬局、information 受付、lawyer 弁護士、
police station　警察署、fire station 消防署、a visit お見舞い、the
person in charge　係・担当者・責任者

地 震・火 事・避 難

Earthquake !	地震だ！
Don't panic !	パニックになるな！
Cool down !	落ち着け！
It was about a magnitude of 7.	約マグニチュード 7 であった。
Let's be aware of a tsunami and a fire.	津波と火事に注意しよう。
Let's run away to a higher place.	高い所へ逃げよう。
Let's take a shelter. = Let's evacuate.	避難しよう。
an evacuation order	避難指示
a shelter	避難所
Prepare emergency food, water, and ○○ .	非常食・水・そして○○を用意しよう。
Fire !	火事だ！
Cool down !	落ち着け！
What is a safe and sure way?	安全で確かな道はあるか。
Run（away）!	逃げよ！
Let's check an emergency exit! = the escape route.	非常口をチェックせよ。
Make sure everybody is here.	全員いるか点呼せよ。

学 校 で の 会 話

Don't chat ! Be sure to attend the lesson.
　　　おしゃべりするな。授業に集中しなさい
Teacher said, "You'll have a test tomorrow."
　　　あすテストを行うと先生が言った。
Are you ready for the exam?　　　試験の準備はいいかね。
　　May I ask you a few questions?　2～3 質問してもいいですか。
　　= I'd like to ask you a few questions.
　　I want to learn more .　　　　　私はもっと勉強したい。
　　In which period do we have a math class?　数学の時間は何時間目だ。
　　May I borrow your eraser?　　　消しゴムを借りてもいいか。
　　Sure, Here you are.　　　　　　うん、いいよ。
Now, put down your pencil !　　　では、鉛筆を置きなさい。
That's all for today.　　　　　　　今日はこれでおしまい。
How is your grade?　　　　　　　君の成績はどうかね。
　　So good.　　　　　　　　　　まあまあだよ。
Your grade is improving.　　　　　君の成績は良くなっている。
　　I got A's in math and English.　数学と英語で A を取ったよ。
　　Learning English is not easy, but I'll do my best.
　　　英語を学ぶことは楽ではない、しかしベストを尽くすよ。

日本画家後藤嘉寿美　神殿の格天井画から　　　　　　格天井画　ササユリ

64

I want to try something I've never done.

　　私はやったことのない何かに挑戦したい。

I want to broaden my horizons. 　　僕は視野を広げたい。

I came in the third place. 　　3番になった。

Thanks to hard work, I passed. 　　よく勉強したお陰で、合格した。

I haven't studied at all. My grade went down.

　　僕は全然勉強しなかった。成績が下がってしまった。

What do I do if I fail in test? 　　試験に落ちたらどうしようか。

I'm no match for you. 　　君にはかなわないよ。

You should read a lot of books while you are young.

　　君は（君たちは）若い時に多くの本を読むべきだ。

The entrance ceremony will be held on April 3.

　　入学式は4月3日に行われる。

In America, the school year begins in 9 (September), and ends in 6 (June).

　　アメリカでは学校は9月に始まり、6月に終わる。

Congratulation ! (on your championship) 　　優勝おめでとう。

It was an exciting game, wasn't it? 　　接戦でしたね。

I've been a member of volleyball team for three years.

　　僕は3年間バスケット部のメンバーです。

At first, it was difficult for us to win the game.

　　初め、我々が試合に勝つことは困難であった。

We really glad that we won the game. 　　試合に勝てて本当にうれしい。

What do you want to do next Sunday? 　　次の日曜日何がしたいか。

Are you free on the nest holiday? 　　今度の休日は暇ですか。

I want to do something interesting. 　　何か面白いことがしたい。

The first term was over. 　　1学期が終わった。

I'm going to study abroad. 　　僕は留学するよ。

If he comes, I'll tell him. 　　彼が来たら、話しておくよ。

Could you make it the birthday party? 　　誕生日会に都合がつくかね。

I'm looking forward to meeting you.

　　あなたに会えるのを楽しみにしている。

I wish to be a doctor.（actor, engineer …）　　私は医者になりたい。

My goal is to be a great player like ○○ .

　　　　僕の目標は○○のような偉大な選手になることだよ。

Do you have any part-time jobs?　　　何かアルバイトをしているか。

　　I'm working part-time at the café.　　カフェでパート働きしている。

　　I earn 1,000 yen per hour.（per day = 日給）　時給 1,000 円もらう。

Did you forget our meeting?　　　君、会議を忘れたね。

　　Oh, no ! I'm sorry.　　　　　いけない、ごめんなさい。

Whatever it is, I'll always support you.

　　　　それが何であれ、君をサポートするよ。

Be careful next time.　　　次は気をつけろよ。

Do you know how to protect yourself? 君は自分を守る方法を知っているか。

緊急事態

〈emergency〉

- how to ～
- what to ～
- when to ～ , where to ～

※　ことばの泉

principal　校長、head teacher　教頭、male teacher　男の先生、female teacher 女の先生、professor 教授、my former teacher 恩師、gym 体育館、field 運動場、library 図書館、entrance ceremony 入学式、open ceremony 始業式、graduation ceremony 卒業式、close ceremony 終業式、a school term 学期、a new term 新学期、found a school 開校する、Our school was founded in 1900.　1900 年に開校した、a first year pupil 小学 1 年生、a fresh man 新入生、seventh grader 中学 1 年生、the whole school 全校、school expenses 学費、school supplies 学用品、scholastic = ability 学力、grade = mark 成績、a year book 卒業アルバム、school days 学生時代、male friend 男友達、knowledge 知識、culture 教養、intellect 知識人、manners 礼儀作法、wise 知識経験が豊富で賢い、clever 頭がいい、smart 呑み込みが早い、evacuation drill 避難訓練、fire drill 消火訓練、field trip 遠足、school festival 文化祭

親しい友だちどうしの会話で

Hi. = Hello, Morning　　　ハイ、お早う。

How are (you) doing?　　元気か。

What are doing?　　　　何している。

What's up?　　　　　　どうした。

Look !　　　　おい、ねー

Listen !　　　同　上

Look here !　　同　上

Guess what?　　ちょっと聞いて。

Come and see my house.　家に来いよ。

I'm coming.　　　　　行くよ。

I'll come next morning.　明日の朝行くよ。

Go for it !　　　ガンバレ

Cheer up !　　　ガンバレ

Do your best !　　ガンバレ

Well done.　　　よくやった＝うまいもんだ。

Do the math.　　頭を使え。

Anybody can make mistake.　　誰でも間違いはあるよ。

You'll get well soon.　　　心配するな。

You don't have to apologize .　　謝らなくてもいいよ。

小林 豊　芸術選奨　受賞記念展

会 社・取 引 で

May I have your name, please?　お名前をお伺いしてもよろしいですか。

Would you write down your name on this paper please?

　　　　　恐れ入りますが、この用紙にお名前を書いてください。

Please have a seat and wait for a moment.

　　　　　お掛けになって少々お待ちください。

I'm sorry for keeping you waiting. お待たせしてすみません。

Thank you for making time to come and see me (us).

　　　　　お忙しいところお越しいただき有難うございます。

I'm pleased to meet you, Mr. ○○ .　○○さんにお会いでき光栄です。

　So am I. I appreciate your cooperation.

　　　　　こちらこそ、ご協力に感謝いたします。

How about your business?　　　　お仕事はいかがですか。

　So good. (= not too bad = so far)　　　まずまずです。

Great !　いいですね。

Where and when will the next meeting be held?

　　　　　次の会をどこで何時に行いましょうか。

　We will have a meeting on next Monday at 9: 00 a.m.

　　　　　来週の月曜日、9時にミーティングを持ちましょう。

What is your opinion about this matter?

　　　　　このことについて何かご意見がおありですか。

Do you have any comments? (questions)　何かコメントがおありですか。

　Could you be more specific?　もう少し具体的にお願いできますか。

Would (Could) you discount, please?　　値引きをして頂けますか。

　We can (could) discount 5%.　The best price we can offer.

　　　　　5％安くします。我々ができる精いっぱいの値段です。

Let me repeat your order.　ご注文を復唱させて下さい。

How would you like to pay?　　お支払いはどのようにされますか。

　We are 3 units short.　　　3ケース足りないです。

corporation 株式会社 略、co = company trade、business 商売・商談、customer お客、discussion 交渉、reception clerk 受付係、reception room 応接室、a reception desk 来賓受付、〜 section 課、section chief 課長、contract 契約、market 市場、goods = item 商品、cash 現金、ask = charge 請求する、the price = money 値段・代金、service 値引き、capital 資本、funds 資金、total 合計金額、a loss 赤字、merchant 貿易商、storekeeper 店主・小売商、office worker 会社員、statesman 政治家、demand 需要、supply and demand 需要と供給、material 資料、manual 説明書、article 記事、fast track エリートコース、profession 専門職

職場での会話

Sorry, but I'll be late 10 minutes.	すみません、10分遅れます。
Do you have a moment? I need your advice.	お時間いいですか。あなたのアドバイスが欲しいです。
Let me ask you something.	いくつか質問させてください。
Is there anything bothering you?	困ったことがありますか。
If you have any questions, feel free to contact me.	わからないことがあったら、遠慮なく私に言って下さい。
Let me run it by my boss.	上司の意見を聞いてきます。
Please get back to me.	返事を下さい。
Please keep me posted.	随時報告ください。
I'll wait for your report.	あなたの報告を待っています。
I'll report as soon as I know.	わかり次第すぐ報告します。
I'll contact you later.	後で連絡いたします。
I got a promotion.	昇進しました。
I've been transferred to Tokyo headquarters.	東京本社に転勤になりました。
He was transferred from Toyota to New York.	彼は豊田からニューヨークに転勤になった。

I'm lucky to have good coworkers. 私は良い仲間に恵まれラッキーです。
I'm leaving now. 　　　　　　　お先に失礼します。
　OK, thanks. Good night, See you Monday. 　ご苦労様。お休み、月
　　曜日に会おう。
　Have a great weekend. 　　　　　　よい週末を。

◎ Day off〈休暇を取る〉

I'm taking a sick leave today. 　　　今日、病気で休ませていただきます。
May I have（take）a childcare leave? 育児休暇を取ってもいいですか。
Could I take a family leave tomorrow? 　　明日介護休暇を取ってもい
　　いですか。
Could I take a day off tomorrow? 明日休ませてもらってもいいですか。
I'm going to take three days off. 　　　3日間休みを取る予定だ。

※　ことばの泉

the morning off　午前中の半休、the afternoon off　午後半
休　day off in Saturday　土曜日の代休、paid holiday　有給休暇、
bereavement leave 忌引き休暇、maternity leave 産休

 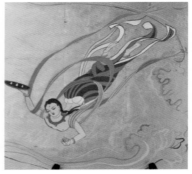

後藤嘉寿美　格天井画 飛天（4世紀にはじまり、天界に住み仏を守り讃える天女）

祝いの宴・パーティーでの会話

Let's celebrate !　　　　　　　　お祝いをしよう。

Thank you for inviting me (us).　　お招きいただき有難うございます。

Happy birthday.　　　　　　　　誕生日おめでとうございます。

Congratulations on your marriage.　　結婚おめでとうございます。

　I offer you my sincere congratulations.　心からお祝い申し上げます。

　Live happily ever after !　　　　末永くお幸せに。

Congratulation on your graduation!　　卒業おめでとう。

Congratulations on your promotion.　　　昇進おめでとう。

I wish you all the best.　　　　　うまく行くことを祈っています。

I hope everything goes well.　色々なことが上手く行くことを望んでいます。

〇祝っていただく側

Thank you for making time to come and see me.
　　　　お忙しい中お越しいただき有難うございます。

I'm pleased(=glad) to meet you, Mr.○○.　○○さんにお会いでき光栄です。

Thank you for your continued support.
　　　　あなたの変わらぬご支援に感謝いたします。

〇退出する時のあいさつ

I (we) really had a good time. Thank you so much.
　　　　本当に楽しかった。有難うございました。

I had a warm reception.　　　　温かいおもてなしをいただきました。

I wish you all the best.　　　　お幸せに。

　= I hope everything goes well.　　すべてうまく行きますように。

I'm leaving now. Please say hello to everyone.
　　　　では失礼します。皆さんによろしく。

農業・林業・漁業での会話から

命の糧を作る者は、神様の次に大事な仕事をしている（誇りを持つ）！
食力なき国の正義〈主張〉は無力なり！

○　農業　Agriculture

I grow rice and vegetables.　　　　　私はお米と野菜を栽培しています。

I have an orchard, and grow an apple, peach, grape fruit.
　　　　　私は果樹園を持っていて、リンゴ、桃、ブドウも作っている。

We raise cows, pigs and chickens.　我々は牛・豚・鶏を飼っています。

※　ことばの泉

agriculture 農業、farmer 農夫、a farm village 農村、field 田・
畑、farm 農場、meadow 牧場、seed 種、earth 土、fertilizer 肥
料，plow 耕す、organic 有機、wheat 小麦, corn トウモロコシ、
soybean 大豆、tomato トマト、eggplant ナス、cucumber キュ
ウリ、cabbage キャベツ、onion タマネギ、carrot 人参、water
melon スイカ、melon メロン、pumpkin カボチャ、potato ジャガ
イモ、sweet potato サツマイモ、Chinese cabbage 白菜、leek ネギ、
Japanese radish 大根、Japanese pear 梨、Japanese orange ミカン、
cherry サクランボ、strawberry イチゴ、persimmon 柿、weeds
雑草、grass 草、well 井戸、mow 刈る、farm products 農産物、
green house 温室、live stock 家畜

神殿の格天井画から

○ 林業　Forestry

I'm a logger. 私はキコリをしています。

We plant trees in mountains. 私たちは山に植林をしている。

I grow Shitake = a kind of mushroom. シイタケを栽培しています。

※ ことばの泉

pine tree 松、hinoki = Japanese cypress 桧、Japanese cedar 杉、
oak 樫、maple もみじ、a bamboo shoot タケノコ、wood 木材、
trunk 幹、branch 枝、leaves 葉っぱ、root 根、bamboo 竹

○ 漁業　Fishing industry

I（we）catch, tuna, salmon, bonito and clam.

私はマグロ・さけ・カツオそしてハマグリを捕っています。

We are fishing bonito. カツオ漁をしている。

※ ことばの泉

tuna マグロ、salmon サケ、crab かに、eel ウナギ、carp コ
イ、clam ハマグリ、seabream 鯛、yellow tail ブリ、trout マ
ス、cuttlefish いか、saury サンマ、sardines いわし、octopus タ
コ、ear shell アワビ、prawn 車エビ、little neck clam あさり、
seaweed ワカメ、konbu 昆布、dry seaweed ノリ、a line 釣り糸、
the pacific ocean 太平洋、a live fish 生きた魚

6W－1Hで会話を広げる

When. Where. Who. What. Why. Which と How
何時、どこで、だれが、何を、なぜ、どっち、どのようにで会話を広げる。

	when to go	いつ行ったらいいか
	where to go	どこへ行ったらいいか
I know	what to do	何をしたらいいか
I don't know	which to buy = what to buy	どっちを買えばいいか
	how to use	使い方
	when and where to meet	いつどこで会うか

	when to go?	いつ行ったらいいか
	where to go?	どこへ行ったらいいか
Would you tell me	what to do?	何をしたらいいか
	which to go?	どっちへ行くか
	how to do?	使いかた
	the way to the station?	駅へ行く道を
	where the public rest room is?	
		何処に公衆トイレがありますか

○　会話例　A

Sure. OK　　　　　　　　ハイ・わかりました。

Go straight to the end of the road, and then turn right.
　　　　道路の端まで行って、それから右に曲がってください。

Turn left at the next corner, you will find it.
　　　　次の角を左に曲がると、見えます。

Just around the corner.　　　　すぐそこです。

　Thank you very much.　　You are welcome. = My pleasure.

○　会話例　B

Would you like to come with me?　　　私と一緒に行かれますか。

Shall I take (guide) you to the station?　　　駅まで案内しましょうか。

Why don't you go there with me?　　　私とそこへ行きませんか。

　　Thank you very much.

I'm glad to be of help.　　　お役に立てて嬉しいです。

1　When

When walking (playing tennis), I saw Ann.　歩いている時、アンを見た。

Come and see me when you are free.　　暇な時においでください。

I don't know when he'll come back.　　彼がいつ帰って来るか知らない。

Until when will you stay here?　　何時まで、ここに滞在されますか。

Please wait until six, when I'll finish this job.

　　　　6時まで待ってください、それまでに仕事を終えます。

When do you think Tom met Taro?　　　トムが太郎に会ったのは何

　　時だと思いますか。

2　Where

Where are you from?　　　何処から来られましたか。

Where do you live?　　　何処に住んでいますか。

I don't know where to go.　　　何処へ行ったらいいかわかりません。

　　Where to?　　　どちらまで＝何処へ行かれますか。

I went to Nara, where I stayed for three days.

　　　　奈良へ行きました、そこで3日間滞在しました。

This is where I lost my wallet.　　ここは私が財布を無くした所です。

Where should I transfer for ～？　　～へは何処で乗り換えたらいいか。

Where should I get off?　　　何処で下車したらいいか。

　　Please get off at City-Hall.　　市役所で降りて下さい。

Where is the person in charge?　　担当者＝責任者は何処にいるか。

Where and when should we meet?　いつどこで会おうか。

When and where will the next meeting be held?

　　　　次の会をいつどこでやりましょうか。

3 Who

Who is it?	（ドアのノックを聞いて）どちら様ですか。
Who is it about?	ご用件は。
Who are you looking for?	誰を探していますか。
I wonder who he（she）is.	誰かなあ。
I don't know who the gentleman is.	あの紳士は誰かなあ。

The girls who are talking are Emi and Kate.
　　　おしゃべりしている女の子はエミーとケイトです。

The man who called you left a message for you.
　　　貴方のところに電話をしてきた人が伝言を残されました。

I don't know who won.	誰が勝ったか知らないよ。
I think Ken did.	ケンが勝ったと思うよ。
I have a son, who lives in Tokyo.	息子が一人いて、東京に住んでいる。

4 What

What are you looking for?	何を探していますか。
I got what I wanted.	欲しかったものを手に入れた。
What do you do?	お仕事は何をしておられますか。
What's in this bag?	袋の中に何が入っていますか。

What do you call this flower in English?
　= How do you say this flower in English?
　　　英語でこの花を何と言いますか。

What do you go to China for?	何のために中国へ行くの。
What is it about?	ご用件は？何についてですか。
Would you know what to do?	何をしたらいいか知っていますか。
What's she（he）like?	彼女はどのような人ですか。
She is like a sister to me.	私にとって姉のような人です。

What's it like? It tastes like an orange.
　　　何のようですか。オレンジのような味がする。

What an exciting view！= How exciting the view is！
　　　何と素晴らしい眺めだ。

I'm not sure what I can do, but I will do my best.
　　できるかわからないが、全力で頑張ります。
I'd like to broaden my horizons.　　　視野を広げたい。

○　What の語句
　・What is called = What we call.　　　いわゆる
　・What about ～? = How about ～?　　　～はどうかな
What about playing soccer?　　　サッカーをしないか。
I'm interested in Ukiyoe, what about you?
　　　私は浮世絵に興味がある、君はどう。

　・Whatever it is ～　　　　　　　～が何であれ
　・What's up? = What happened?　　　どうした、元気か
　・What's new?　　　　　　　変わりはないか
　・What's the matter?　　　　どうかされましたか、どうしたの
　・What !　　　　　　　（怒り・驚き）なんだって、まあ
　・So what !　　　　（だから）なんだと言うのか

5　Why
Why don't you ～?　　　～しませんか。　～してはどうか
Why don't we ～?　　　～私たちと～しませんか
I don't know why he was late for the meeting.
　　　どうして彼が会議に遅れたか知りません。
Why were you absent yesterday?　　なぜ昨日欠席したのですか。
　I had a cold.　　　風邪をひきました。
Why don't you invite him to your party?
　　　貴方のパーティーに彼を招待してはどうですか。
　May I join you?　　　私も仲間に入れてもらってもいいですか。
Why not?　　　もちろんいいよ。

6 Which

Which bag is mine?　　　　　どっちのバックが私のか。

Which team do you cheer for?　　どっちのチームを応援してるの。

Which is your bag?　　　　君のカバンはどっち。

　　Which line should I take from ○○?　　○○からどの線に乗ればいいか。

I wonder which to buy.（go, get, give…）　どれを買えばいいか迷う。

He asked me which I wanted.　　彼は私にどっちが欲しいか聞いた。

Which bus goes to City-Hall?　　どっちのバスが市役所へ行きますか。

　　This bus goes to ～ .　　このバスが～へ行きます。

Which ○○ do you like the most?　　どっちの○○が一番好きですか。

Which do you recommend?　　貴方はどっちを勧められますか。

The book which is on the desk is mine.　机の上の本は私のものです。

I have a cat which catches mouse very well.

　　　ネズミをたくさんとる猫を飼っています。

This is the ○○（which）I bought yesterday.これは私が昨日買った○○だ。

I made ○○ , which I gave to my sister（wife friends）

　　　私は○○を作った。それを妹にあげた。

7 How

How do you do?　　　　　初めまして

　How do you do?　　　　初めまして

How are you?　　　　　お元気ですか

　I'm fine, thank you. and you?　ありがとう元気です。あなたは。

How do you feel?　　　　おかげんはどうですか。

How are you doing?　　　調子はどうですか。

How is your mother?　　　お母さんはどうですか。

　She's fine, thank you.　　ありがとう。母は元気です。

How would you like ○○ ?　　○○はお好きですか。

How would you like your steak?　ステーキの焼き加減は。

　Medium, please.　　　中程度でお願いします。

How did you feel about ○○ ?　○○をどう思いましたか。

78

How about you? = Are you? = Do you? = What about you?
　　　　　貴方はどうですか。どう思うか。どうしますか。

How about your business?　　　　商売（仕事）はどうですか。
　So far so good.　まあまあです。＝順調です。

How about a cup of tea?　　　　　お茶を一杯どうですか。

How about going to see a move?　映画を見に行きませんか。

How should I eat？（get, use…）　どうやって食べるの。

How do you say ○○ in English? = What do you call ○○ in English?
　　　　　英語で○○を何と言いますか。

How much is this shirt?　　　　　このシャツはいくらですか。

How much cash should I bring?
現金をいくらくらい持ってゆけばいいかね。

How many stops is Toyota from here?
　　　　ここから豊田まで幾つ駅がありますか。

　Three stops from here.　　　　豊田まで3つの駅があります。

How long does it take?　　　　　どのくらい時間がかかりますか。

　About ten minutes.　　　　　　約10分です。

How far does it take on foot?　　歩いてどのくらいかかるか。

　About 30 minutes'walk.　　　　歩いて約30分です。

I wonder how safe France is now?　今、フランスの治安はどうかな。

 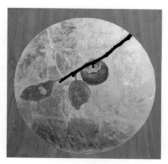

神殿の格天井画から

スピーチ・プレゼンテーション

礼を尽くし、言うべきことは言う！

選ばれて壇上でスピーチや挨拶をする者は、原稿を良くよく推敲し、
決められた時間内に話を終える義務と責任がある。
When you make a speech, speak slowly and clearly!

◎　初めのあいさつ

① Ladies and Gentlemen　　　　　紳士淑女の皆さん
② Hello everyone　　　　　　　　皆さん今日は
③ Boys and Girls　　　　　　　　良い子の皆さん
・I'm pleased(= glad) to meet you.　　お目にかかれ光栄です。
・Long time no see.　　　　　　　お久しぶりですね。

※ 話の組み立ては〈起－承－転－結、論文も同じ〉

1　はじめに（起）
　・　Now　　それでは、　　　　First of all　　先ずはじめに
① I'm going to tell you a couple of stories.
　　　　2、3のことについてお話しようと思います。
② I have three topics today.　　今日は3つのことについて話します。

2　（承）
I'll give you some information of ～.　　～についてお話します。

3　（転）（本題）and then 続いて
Firstly　　第一に　　　　　　　　Next. Secondly　　次に　　2番目に
Thirdly　　3番目に
I have three reasons（points）for this.　　これには3つの理由（ポイ
　　　ント）があります。
I agree（反対語は disagree）with this idea.　私はこの考えに賛成です。

I'm for（反対語は against）this opinion.　　　私はこの意見に賛成です。
I think we should 〜.　　　私たちは〜すべきだと思います。

○　念押しの言い方
Okay?♪, Right♪　　　いいですか
As I said.　先ほど言いましたように　　　in short　要するに
Without question.　間違いなく　　　It's a fact.　それは事実です。

　聞き手に問いを投げかける（＝聞き手が自問自答し、話に参加できる）。
演説を深める大事な手法の一つ。聞き手が "うん、そうだな" と考える間
を作る。間のない話は、間抜け！

　　　　　How about you? = What about you?　　どう思われますか
　　　　　Do you think so?　　そう思われませんか
　　　　　more or less　　　　多かれ少なかれ
　　　　　more and more　　　ますます
　　　　　more over　　　　　更に
　　　　　more than 〜　　　　〜以上に

4　（結び）Finally
In the long run　　　　　　長い目で見ると ＝ 長期的には
In the short run　　　　　　当面は ＝ 短期的には
That's all for my presentation (speech). = That's all.
　　　　　以上で私のプレンテーション（話）は終わります。
○　Are there any questions（comments）？
　　　　　何かご質問（コメント）がありますか。

◎　終わりのことば
Thank you for listening.　　　ご清聴有難うございました。
I wish you all the best.　　　皆さんに良いことがありますように。
I hope to see you again.　　　またお目にかかれることを願っています。

81

プレゼンテーションに感想や質問をする時のマナー

1 前置きを一言う
  ・Thank you for your presentation. Could I ask you?
       プレゼン有難うございました。質問できますでしょうか。
  ・I enjoyed（learned）your presentation, I have some questions.
       貴方のプレゼン楽しく聞かせてもらいました。いくつか質問があります。

2 意見を述べる時によく使う言葉
  ・I agree with you. = I think so, too.　　賛成です。私もそう思う。
  ・I think we should 〜.　　私たちは〜すべきと思います。
  ・I see your point, but 〜. 貴方のおっしゃりたいことは分ります、しかし〜
  ・You may be right, but 〜.
       貴方のおっしゃることが正しいかもしれない、しかし〜
  ・It's so difficult that we can't do it easily.
       それは大変難しく、簡単には出来ないよ。

3 たずね返す
  ・That's a good comment, Well, …. I think 〜.
       それはいいコメントですね。うん、私は〜と思います。
  ・How about you?　　貴方はどうですか。
  ・What do you mean?　　何を言おうとしておられますか。
  ・Would you know what to do (how to do)?
       どうしようとお考えですか。

4 念押し
  ・Okay? = Right?　　　　いいですか
  ・As I said.　先ほど申し上げましたように。
  ・Finally　　　つまるところ、結局
  ・It's true. = It's a fact. それは事実です。

◎リンカーンの名演説（Address）1863年11月19日ゲッティスバーク
民主主義について最も有名な言葉は、演説の最後の2行にある。

	of the people
Government	by the people
	for the people.

人民の、人民による　人民のための政治。

※　ことばの泉

スピーチ・プレゼン・演説でよく使われることば
話を具体的・わかりやすくする言葉

1

now	それでは・今から
first of all	はじめに
and then = next	そして、次に
finally = at last	最後に・おわりに
the first half	前半
latter half	後半

2　時（今・現在）

now = recently = currently = lately = nowadays	今では・現在では
from now on	今から
this time	今回は
weekly	毎週
monthly	毎月
day by day	日に日に
for a minute = while	しばらくの間は
until now = till now	今までは

3　時　（過去）

in the past = ever	昔・かつて
in childhood	子どもの頃は
in those days	その頃は
in the 1980s	1980 年代は
before that（then）	それ以前は
after that	その後
since then	それ以来
through the years	何年もの間
on the morning of that day	その日の朝に

4　時　（未来）

in the future	将来
before long =in time = soon = right now	近いうちに
some day（time）	何時の日にか
soon or later	遅かれ早かれ
forever	永遠に
ever after	末永く
in 2030	2030 年には

5

usually	普通、一般には
mainly	おもに
generally	全体的に
officially	公式には
really	確かに、本当に
clearly	明らかに
surely	確かに
exactly	正確には
especially	特に
strangely	妙なことに
safely	安全に
nearly	危うく

patiently	根気強く
successfully = fortunately = luckily	運よく
timely	タイミングよく
more and more = the more ～, the more ～	増々
on and on	どんどん・休まず
gradually	順々に
little by little = bit by bit	少しずつ
suddenly	いきなり・突然
unexpectedly	思いがけなく

6 場所・所

in this neighborhood	この辺では
here and there	あっちこっち
everywhere	至るところで
somewhere	どこかに
all over	一面に・全面に

7

so called	いわゆる
so to speak	いわば
in a sense	ある意味では
needless to say	言うまでもなく
more over	さらに
no more = no longer	これ以上はない
that's all	おしまい・終わり
more or less	多かれ少なかれ
on the other hand	一方では・他方では
to a certain extent	ある程度は

8 聞き返す・念押し

Ok? ♪ Right? ♪	いいですか♪
～, right.	～ですね。～でしたね
How about you? = What about you? = Are you?	貴方はどうですか

レポートを書く

現状＝実態・将来、賛成・反対などを明らかにして、理由や自分の考え
をまとめて書いてみよう。

書く手順

1 現状は　　now, nowadays, recently
2 私は～～と思う・提案したい
3 その理由は3つある　I have three reasons for this.
　　first ～　　　second ～　　　third ～
4 まとめ
　　故に～～だ。　であるべきだ。　～～したいものだ。

○質問されたことにすぐ答えられない時の、つなぎの言葉

　・Let me see.　　　　　　　　　　　ええっと
　・That's a good question. Well, ～　　良い質問ですね。うう～ん～
　・in case of ～　　　　　　　～の場合には
　・Okay? Right?　　　　　　　　いいですか。
　・How about you?　　　　　　　貴方はどう思われますか。
　・needless to say　　　　　　　　言うまでもなく
　・in the short run　　　　　　　当面は
　・in the long run　　　　　　　　長い目で見ると

No1 ノイシュバンシュタイン城（ドイツ）

手 紙 の 書 き 方

1　右上に日付を書く　　　　　　　　　　例　May 5, 2020
2　はじめのあいさつ＝拝啓　　　　　　　例　Dear Mr. ○○,
3　本文
　本文の終わりの方に
　・Please give my best regards to your parents.
　親しい間柄なら　　　　　　Say hello to your parents.
4　敬具　Best regards, 又は Best wishes, Sincerely yours,
5　署名　右下に、自分の名前を必ず手書きで書く
　◎封筒・はがきの表書きは
1　左の上の方に差出人の名前・住所・郵便番号、切手は右上に貼る
2　真ん中より少し下、右よりに　受取人の氏名・住所を書く
　（例）

> Naruse Kouji
> 246　Omine Komine cho
> Toyotashi, Aichi
> 470-0306, Japan
> 　　　　VIA　AIR　MAIL
>
> 　　　　　MR. John Smith
> 　　　　　5,800　Lawton Street
> 　　　　　San Francisco, CA　9000
> 　　　　　　U・S・A

簡単な礼状（例）

> 　　　　　　　　　　　　　　　　　　April 3, 2020
> Dear Mr. Smith,
> How are you doing? I'm fine.
> Thank you very much for your kindness during my stay in California.
> I often think of your beautiful family and look at the pictures.
> When you visit Japan in 2020, I'll show you around Kyoto, Nara,
> Toyota and Nagoya. I'm looking forward to hearing from you.
> 　　　　　　　　　　　　　　　　　　Best regards,
> 　　　　　　　　　　　　　　署　名

数字・日付・計算　など

1	one
2	two
3	three
4	four
5	five
6	six
7	seven
8	eight
9	nine
10	ten
11	eleven
12	twelve
13	thirteen
20	twenty
31	thirty-one
40	forty
50	fifty

1 回	once
2 回	twice
3 回	three times
10 回	ten times
何回も	many times
一番	(the) first place

◎日付と年号

March 6. = March (the) sixth

年号は 100 の位と 10 の位の間で区切って言う。

・784 年　seven eighty-four
・1600 年　sixteen hundred
・2000 年　two thousand
・2009 年　two thousand (and) nine
・2020 年　twenty twenty

101	one hundred (and) one
150	one hundred and fifty
180	one hundred and eighty
225	two hundred and twenty-five
300	three hundred
1,000	one thousand
10,000	ten thousand
100,000	one hundred thousand
1,000,000	one million

No2 朝日に輝くマッターホルン

第1　the first（1st）

第2　the second（2nd）

第3　the third（3rd）

第5　the fifth（5th）

○　計　算

　　11＋12＝23　　　Eleven plus twelve is twenty-three.

　　20－10＝10　　　Twenty minus ten is ten.

　　5×3＝15　　　Five times three is fifteen.

　　9÷3＝3　　　Nine divided by three is three.

○　小　数　小数点は point と読む

　　小数点以下は数字を一つずつ言う

　　例　0.54　　　　zero point five four

　　　　3.14　　　　three point one four

○　四捨五入 ＝ round off,　　　Round 2.5 は3になる

○　分数の言い方は、分子の方を先に読む

　　2分の1　　　　a half

　　3分の1　　　　one third

　　3分の2　　　　two-thirds

　　1／4　　　　a quarter

　　3／4　　　　three-quarters

　　1と5分の3　　　　one and three-fifths

○倍　数

　　2倍　　double ＝ twice

　　3倍　　triple

○奇　数　an odd number.　　　偶　数　an even number

使いまわしたい　やさしい動詞50

　英語は左から主語（S）＋動詞（V）〜．の順に並んでいる。文の中心は動詞で、数多くあるが、多くの人に伝わる・やさしい動詞50を使って即発信力を高める。

1	ask	たずねる・質問する・頼む・求める
2	be（am are is）	である・いる・なる
3	break	壊す・破る・折る・割る
4	bring	持ってくる
5	call	呼ぶ・たずねる・立ち寄る
6	can	できる
7	carry	運ぶ carry on, 続ける・実行する
8	catch	見つける・聞き取る・つかむ・理解する
9	come	行く・来る・起こる
10	cut	カット・減らす・短縮する・さぼる
11	do	行う・果たす・終える・与える
12	face	直面する・直面している
13	fall	転ぶ・倒れる・下がる
14	feel	感じる・触れる・〜と思う
15	find	わかる・気づく・発見する
16	gain	得る・手に入れる・増す
17	get	買う・得る・理解する。してもらう
18	give	与える・give back 返す・give out 配布する
19	go	行く・進む・〜になる・消え去る
20	hand	手渡す・hand down 伝える・hand in 提出する
21	have	食べる・飲む・開く・経験する
22	keep	保つ・keep on 続ける
23	let	させる・させておく
24	like	好む
25	look	みる・〜に向いている・に面している

26	make	つくる・得る・～になる・する・行う・整える・用意する
27	move	感動させる・動かす・引っ越す
28	need	必要とする・要る
29	part	分ける・別れる・take part 参加する
30	pass	合格する・通る・時がたつ
31	place	置く・Take place 開かれる・行われる
32	pull	引く・引っ張る・抜く
33	put	置く・のせる・つける・入れる・述べる
34	run	走る・流れる・延びる・通じる・経営する
35	see	見る・～まで見送る・経験する
36	set	準備・調整する・定める・沈む・～にする
37	settle	解決・清算する・安定させる・置く・片づける
38	show	見せる・案内する・教える・現れる・上映する・示す
39	sound	～と思える・～と聞こえる
40	speak	話す・口をきく・使う
41	stand	立つ・立てる・立ち上がる・我慢する
42	take	取る・選ぶ・手に入れる・連れていく
43	talk	語る・話す・しゃべる
44	taste	味見をする・味を感じる
45	tell	教える・話す・命じる・わかる・見分ける
46	throw	投げる・ほうる
47	turn	曲がる・回す・回転させる・向きをかえる
48	use	使う・用いる・消化する・働かせる
49	watch	注意する・気を付ける・見張る・番をする
50	write	書く
		write back　　　　返事を書く
		write to ～　　　　～に手紙を書く

やさしい動詞 50 の用例

1　ask　たずねる・質問する・聞く・求める・頼む

May I ask your name?	お名前を伺ってもよろしいですか。
"What's wrong, Tom?" asked his mother.	
	「トム、どうした」と母が聞いた。
Why don't you ask Tom for help?	トムに助けを頼んではどうか。
May I ask you a favor?	ちょっといいですか。
I'll ask him for help.	彼に手伝ってくれるよう頼んでみます。
ask permission	許可を求める
・ask after	（無事・健康を）たずねる
・ask for	～に面会を求める・～を求める

2　be

・be about to ～	～しかかる
・be equal to ～	～にひとしい

《例文》　one dollar is equal to 110 yen.

・be good at ～	～が上手・得意
・be out	外出している
・be out on ～	～へ出かける
・be out ～ ing	～ ing に出かける
・be poor at ～	～は苦手である
・be ready for ～	～の用意が出来ている
・be sure of ～	～を確信している
・be sick in bed	病気で寝ている

オランダ

92

3 break

・break down	こわす・故障する
・break into	突然〜しだす。〜に押し入る
・break out = happen	起こる

4 bring

・bring back	持ち帰る・返す
・bring in	持ち込む
・bring up	育てる・しつける

5 call

・call at	（家などを）ちょっとたずねる
・call back	（人を）呼び戻す・後で電話する
・call for	（大きい声で）呼ぶ
・call it a day	（仕事を）終わりにする
・call off	中止する・取り消す
・call on	人を訪ねる
・call up	電話をかける

6 can

Anybody can make a mistake.	誰でもミスすることがありうる。
It can happen to anyone.	それは誰でも起こりうることだ。
Can（may）I help you?	Yes, please.
手伝いしましょうか。	はい、お願いします。
What can I do for you?	何の御用でしょうか。
Can I take a message?	伝言をお伺いしましょうか。
Run as fast as you can.	できるだけ早く走れ。

・Can't help 〜 ing 　　　〜しないではいられない

《例文》 I couldn't help laughing. 　　笑わずにはいられなかった。

・not too 〜 to ….. 　　どんなに……しても〜し過ぎることはない

7 carry

- carry away　　　　　運び去る
- carry on ～　　　　　～を続ける
- carry out　　　　　　実行する・～を果たす

8 catch　捕らえる・理解する・聞き取る・間に合う・病気にかかる

I'll catch you later.　　　後で追いつくよ。

We couldn't catch him.　　彼の言っていることがわからなかった。

Sorry, but I couldn't catch your name?

　　　　すみません、お名前が聞き取れませんでした。

- catch at ～　　　　　　～をつかもうとする
- catch up with ～　　　　　～に追いつく
  《例文》 We will catch up with you.　　君たちに追いつくよ。
- play catch　　　　　　キャッチボールをする

9 come

- come about = happen 起きる・生じる
- come along　　　　　現れる・やって来る
- come and go　　　　　行ったり来たり・移り変わる
- come around　　　　　（定期的に）めぐって来る
- come back = return 帰って来る
- come down　　　　　落ちる・降って来る・伝わる
- come from ～　　　　～の出身である・～に由来する・～から生じる

Where do you come from? I came from Japan.

- Come in　入る　　　May I come in?　Please come in.
  《例文》 She came in the first race.　　レースで一着になった。
- come into ～　　　～に入って来る Don't come into without knocking.
- come off ～　　～が外れる・落ちる　A button came off my coat.

Come on !　　　ガンバレ！さあこい・急げ・さあ行こう。

- come out　　出てくる・現れる
- come over　　はるばるやって来る

《例文》 He came over from Paris.　はるばるパリからやって来た。
・come to oneself　　正気に戻る
・come true = realize　　　実現する
・come up with ～　　　～を思いつく
・come upon（on）= come across　　　出会う・ふりかえる
How come ～ ?　　　　なぜ～ですか。
Here comes the bus (train, taxi).　　バスが来た。
What time will you come home?　　何時に帰ってきますか。
You, dinner is ready.　　OK. I'm coming.
　　　　貴方、夕食の準備が出来ましたよ。　　オッケー、今行くよ。
A good idea came to me.　　　　良い考えを思いついた。
I came to like ○○ .　　　　○○が好きになってきた。

10　cut

・cut a class　授業をさぼる
・cut across　横切って近道をする
・cut down　　切り倒す
・cut in　　　に口をはさむ
・cut out　　切り抜く・切り取る
・cut cost　　経費を削減する
Cut it out !　　やめろ。・よせ。
・cut off　（ガス・水道を）止める・さえぎる

写5 阿寺渓谷の清流

11　do　行う・果たす・終える・与える

He did a good job as a captain.　　　　キャプテンとしてよくやった。
I've already done the work.　　すでに仕事を終えました。
・do away with ～　　やめる・廃止する
・do with ～　　　～を処理する
・do without ～　　　～なしで済ませる
Well done !　　　　よくやった・うまいもんだ

12　face　直面している・直面する

My room faces the sea.（the south）　私の部屋は海に面している。

We are faced with a big problem.　我々は大きな問題に直面している。

13　fall　落ちる・転ぶ・倒れる・下がる・降る

・fall apart　　　　　　　バラバラに壊れる

・fall behind　　　　　　（支払い・仕事が）おくれる

・fall down　　　　　　　転ぶ・崩れる

・fall on 〜　　　　　　　〜に襲いかかる

・fall out　　　　　　　　抜け落ちる

・fall over　　　　　　　つまずいて転ぶ（名詞）Falls 滝

14　feel　感じる・〜にふれる・〜だと思う

Feel !　　　　　　　　さわってみよ。

　・feel for　　　　　　手探りで探す

　・feel like 〜　　　　　〜が欲しい

　《例文》　I feel like a glass of milk.　　　牛乳を1杯飲みたい。

　・feel like + 〜 ing　　〜したい気がする

　・feel way　　　　　　手探りで進む

（名詞）feelings about（on）〜　　〜についての意見・考え

15　find　わかる・気づく・発見する

I found her sleeping.　　彼女が眠っているのに気付いた。

I found Tom very honest.　トムは正直だとわかった。

I can't find my glasses.　眼鏡が見つからない。

　・Find out 〜　わかる　　　　　I found out my answer was wrong.

16　gain　得る・増す・手に入れる

・gain experience　　　　　　　経験を積む

・gain support　　　　　　支持を得る

・gain speed　　　　　　　速度を上げる

17　get　買う・得る・取って来る・理解する・〜させる・してもらう

　・get well = get better　　　　　良くなる

I got it.　　　　　わかりました・了解しました。

　・get along　　　　　　　うまくやる・暮らしていく

　・get down　　　　　　　降りる・おろす・下る

Get in a car.　　　　　　　車に乗って下さい。

　・get in touch 〜 = keep in touch 〜　　　〜と連絡を取る

　・get nervous　　　　　緊張する

　・get off　　　　降りる

　・get on　　　　乗る

　・get out　　　　追い出す・追い払う・外に出る・取り戻す

　・get to 〜　　　〜に達する

　・get to know　　　知り合いになる

　・get up　　　起きる

I didn't get his joke.　　　彼の冗談が理解できなかった。

I got my hair cut.　　　　髪を切ってもらった。

Get a cup of coffee for me.　　　コーヒーを取ってください。

Mother gets me to do dishes.　　　母は私に皿洗いをさせる。

自動詞としての get は①〜に着く・（ある状態に）になる

　《例文》　I usually get home at seven.　　　普通7時に家に着く。

　　　　　He'll get well soon.

　　　　　I've got a cold.　　　風邪をひいた。

　　　　　They got married last month.　　　彼らは先月結婚した。

　・get + 〜 ing　　　　〜し始める

　・get across　　　　渡る・渡す

　・get at 〜　　　　〜に達する・手が届く

　・get away　　　　逃げる・立ち去る

　・get back　　　　帰る・戻る

　・get into　　　　乗り込む・中に入る

・get over ～　　　　　～に打ち勝つ・～を乗り越える

・get through　　　　　合格する・通過する・終える・通じる

・get to　　　　　　　集まる・会う・集める

18　give

・give and take　　　　妥協する・譲り合う

・give back　　　　　　返す

・give in　　　　　　　折り合う・譲歩する

・give off ～　　　　　～を発する

・give out ～　　　　　～を発表する・～配る

・give over　　　　　　引き渡す

・give up　　　　　　　諦める・やめる

19　go　行く・進む・（ある状態に）なる・消え去る

・go about（= go around）　　　動き回る・歩きまわる

・go after ～　　　　　～を追う・～を求める

・go against　　　　　反対する

・go ahead　　　　　　どうぞ・先に進む

・go along　　　　　　道を進む

・go and see　　　　　見に（買いに）行く

・go away　　　　　　立ち去る・持ち逃げする

・go back　　　　　　帰る・戻る・さかのぼる

・go back to work　　　仕事に戻る

No5 アブシンベル神殿（エジプト）

- go by　　　　通り過ぎる・(時が) 過ぎる
- go down　　　降りる・沈む・～が下がる
- go for　　　取りに行く・～しに行く・～を好む
- go for a drive (walk, swim, …)　　　ドライブに行く

Go for it !　　ガンバレ！・全力を尽くせ！
- go in　　　中に入る
- go into overtime　　延長戦に入る
- go off　　　立ち去る
- go on　　　続く・進む

《例文》 Please go on.　続けて下さい＝お続けください。
- go over ～　　　　～を越える・～へ行く
- go through ～　　　～を通り抜ける
- go up　　　(値段・気温が) 上がる・昇る
- go with ～　　～と一緒に行く・伴う・調和する・合う

《例文》 This shirt goes well with your suit.　このシャツはスーツに良く合う。
- go without ～　　　～なしで済ませる
- to go.　　持ち帰り用

《例文》 Two lunches to go please.　　持ち帰り用２つお願いします。
- go + ～ ing　　～しに行く

《例文》 I go shopping at a department store.　デパートに買い物に行く。
- go + 形容詞　～の状態になる

《例文》 The food went bad.　　食べ物が腐った。
　　　　　Where does this road go?　この道は何処へ繋がっていますか。
- go　動く

《例文》 The machine won't go.　　機械が動かない
- go　物事が運ぶ

《例文》 Everything is going well.　　全てがうまく運んでいる。
- be going to + 動詞　　～するつもりだ・である

　　20　hand　手渡す
- hand down　　　　伝える

・hand in	提出する
・hand out	分け与える・配る
・a hand	拍手
・at hand	すぐ近くに・手元に

21 have 食べる・飲む・開く・経験する

・have on = wear

《例文》 She had a nice coat on. 彼女は良いコートを着ていた。

　・have only だけでいい

《例文》 You have only to stay here. 此処にいてくれるだけでいい。

　・have to

《例文》 I have to go now. もう行かなくてはならない。

　　　　Do I have to do now? 今しなくてはいけないか。

　　　　You don't have to do now. 今しなくていいよ。

Have you called her yet? もう彼女に電話しましたか。

I have just arrived here. たった今、ここに着いたばかりだ。

Let's have a party for him. 彼のためにパーティーを開こう。

Have a good time. 楽しんで来い。

I'll get them(it) ready. 用意しよう（用意しておこう）。

22 keep 保つ・キープする

・keep …… away ～	～を……から遠ざけておく
・keep in touch	連絡を取り合う
・keep off	近づかない・近づけない
・keep on	続ける・進み続ける
・keep to	離れない

《例文》 Keep to the right. 右側通行。

　・keep up with ～ ～遅れないようについて行く

Keep quiet for a while. しばらく黙っておれ。

I always keep my promise. いつも約束をまもる。

100

He keeps a diary.　　　　彼は日記をつけている。

Keep the peace　　　　平和を維持する

I'm sorry to have kept you waiting.　　お待たせしてすみません。

23　let　〜させる・させておく・〜させて下さい

・let …… alone　　　　そのままにしておく

・let go　　　　　　　〜を放す

・let in　　　　　　　中に入る

比較
- Let him do it.　　　　彼にそれをさせよう
- Make him do it.　　　　彼にそれをさせよ（命令）
- Get him to do it.　　　彼にそれをしてもらおう

24　like

Do as you like.　　　　　好きなようにしなさい。

How would you like?　　　好きですか。（意見を求める）

If you like,　　　　　　もしよろしかったら、

Would you like to try some Japanese food?
　　　何か日本の食べ物を食べてみたいですか。

I love to. = I'd like to try.　　　是非、トライしてみたいです。

I'd like a second helping, please.　お代わりを下さい。

What is the weather like?　　　天気はどうかなあ。

No6 アメリカ西部　モニュメントバレー

25 look 見る・〜に向いている・〜に面している

・look after 　〜の世話をする、〜に気をつける

《例文》 I looked after her baby. 彼女の赤ちゃんの世話をした。

・look around = look round 　見て回る

・look back 　　　　ふりかえる・回想する

・look down 　　　　下を見る・目を伏せる

・look down on (upon) 　　　（人を）見下す・見下ろす

《例文》 Don't look down on others. 　　人を見下してはいけない。

・look for 　　さがす・求める

・look forward to 〜 　　　〜を楽しみにして待つ

・Look here！ おい！・ねえ

・look in 　　中をのぞく

・look into 　　のぞきこむ

・look like 〜 　〜に似ている

・look on(upon) 傍観する・そばで見ている

・look up 　　　調べる

・look up to 　　尊敬する

《例文》 I look up to my teacher.

（名詞）lookout 　　　見張り・警戒

26 make 作る・〜得る・〜になる・…に〜させる・〜の状態にする
　〜をする・行う・〜を整える・用意する

She soon made friends with her new classmates.

He made a lot of money. 　　　　彼は沢山のお金を稼いだ。

One and two make three. 　　　　1 + 2 = 3

I made him go there. 　　　　　彼にそこへ行かせた。

Tom's coach made him a great player.

　　　　トムのコーチは、彼を偉大な選手にした。

The news made her sad. 　　　そのニュースは彼女を悲しませた。

She made a cup of tea for me. 　お茶を入れてくれた・用意してくれた。

※〜する・行う

- make a bow　　　　　お辞儀をする
- make a call　　　　　電話をかける
- make an effort　　　　努力する
- make peace　　　　　仲直りをする
- make plans　　　　　計画を立てる
- make progress　　　　前進・進行させる
- make a promise　　　　約束をする
- make a speech　　　　スピーチをする
- make a trip　　　　　旅行する
- make it　　　　うまく行く・成功する
- make out　　　　作成する・成功する

We made it.　　　　やったぞ。

- make up　　　　決める・固める・でっちあげる
- make up for　　　　補う・埋め合わせる
- make sure　　　　確かめる・確認する

（名詞）　make　　　　　〜製・〜型

What make is your camera?　君のカメラはどこ製か。

27　move　感動させる・〜を動かす・動く・引っ越す

- move in　　　　　移転する・入居する
- move on　　　　　前進する・移る
- move over　　　　席を詰める

28　need　必要とする・要る

You need not come so early.　　そんなに早く来る必要はないよ。
Need I go there? No, you needn't.

　　　そこへ行く必要がありますか。行かなくていいよ。
There's no need for you to come.　君は来なくていい。
They are in need of help.　　彼らは助けを必要としている。

29　part　別れる・分ける
・take part 〜　　　　〜に参加する・〜に加わる
・part from 〜　　　　〜から別れる・分離する
・play a part　　　　　役割を果たす

30　pass　合格する・通る・時がたつ・追い越す
・pass around　　　　順に回す
・pass away　　　　　亡くなる
・pass by　　　　　　時が去る・そばを通り過ぎる
・pass on　　　　　　伝える・回す・譲る
・pass out　　　　　　気絶する・意識を失う
・pass through 切り抜ける・通過する
（名詞）a boarding pass　　搭乗券・乗船券
　　　passenger　　　　通行人・来客
　　　passage　　　　　廊下・通路

31　place　置く・（反対語　replace）
・take place　　　行われる・開かれる
・in place of 〜　　〜の代わりに・代理で

32　pull　引く・引っ張る・抜く
・pull down　　　取り壊す・引き下ろす
・pull in　　　　到着する・（列車、車、船など）が入って来る
《例文》　The train pulled in at the station just on time.
　　　　　列車が時間通り駅に入ってきた。到着した。
・pull off　　　　引っ張って脱ぐ
・pull on　　　　引っ張って着る・履く
He pulled on his gloves.　　手袋をはめた。
・pull out 〜　　　〜から出る
《例文》　A car pulled out of the garage.
・pull up　　　　（車などが）止まる・止める

104

33 put 置く・入れる・のせる・つける・述べる

・put 〜 away　　片付ける・しまう
・put back　　　元に戻す
・put in（into）　参加する
・put 〜 in order　　　〜を片付ける
・put into 〜　　　　　〜を訳す
・put off　　　延期する
・put on　　　着る・履く
・put together　合わせる・集める・作る
・put up　　　立てる・上げる・掲げる
・put up with　我慢する

Put your name here, please.　　　ここに名前を書いてください。

34 run 走る・流れる・延びる・通じる・経営する

・run across　走って横切る・人に偶然出会う
・run after　　追いかける
・run around　走り回る
・run away　　逃げる
・run into　　（困難などに）会う・（人に）出会う
・run out　　（契約などが）切れる・無くなる
・run out of 〜　　〜を使い果たす・〜が無くなる

He runs a French restaurant.　　彼はフランス料理店を経営している。

・run over 〜　　〜に続く・〜に続いている
《例文》 This road runs over the hill. この道は丘の向こうまで続いている。

35 see 見る・〜まで見送る・経験する

I saw him playing tennis.　　　彼がテニスをしているのを見た。
I'll see you home.　　　　　　家まで送ります（ましょう）。
I went to the station to see her off. 駅まで彼女を見送りに行った。
My father has seen a war.　　父は戦争を経験した。

See you（later）＝ See you again ＝ See you soon.　　さようなら。

See you tomorrow.　　明日またね。

See you on Sunday.　　日曜日にね。

You see.　　あのね・いいですか・だから・ですから。

Long time no see.　　久しぶりだね。

Let me see.　　ところで・そうですね。

　　36　set　準備・調整する・定める・沈む・～にする

・set aside　　　　（お金などを）とっておく

・set in　　　（よくないことが）始まる

・set off　　　出発する

・set out　　　～出発する

《例文》　I set out for New York.　　ニューヨークへ出発した。

・set up　　　立てる

《例文》　Set up a tent.　　テントを立てる（張る）。

Get set, go! ＝ Ready, go!　用意、ドン！

・a set phrase　　　決まり文句

・a set of ～　　　～の一組・一式

《例文》　a set of tools　　道具一式

No7 スイス

106

37　settle　解決する・清算する・支払う・片づける・安定させる・置く

- settle a problem 　　　　問題を解決する・かたづける
- settle a bill 　　　　　　勘定を支払う
- settle down 　　　　　　落ち着く・身を固める

The wind settled. 　　　　風が静まった（おさまった）。

38　show　見せる・示す・案内する・教える・現れる・上映する・見える

Please show your passport. 　　　　　　パスポートを見せてください。

I showed him around the city. 　　　彼を町中案内した。

Father showed me how to use it. 　父はその使い方を私に教えてくれた。

The worry shows on his face. 　　　心配な様子が顔に出ている。

He didn't show up the party. 　　　彼はパーティーに現れなかった。

39　sound　～と思える・聞こえる

That sounds like fun. 　　　　　　あれはおもしろそうだ。

How about going swimming? 　　　泳ぎに行かないか。

Sounds good. 　　　　　いいね。

40　speak　話す・口をきく・使う

Please speak more slowly. 　　　　　もう少しゆっくり話して下さい。

Speak up, please. 　　　　　　大きい声でお願いします。

Hello, this is Naruse speaking. 　　　もしもし、成瀬です。

May I have Mr. Kato? 　　　　加藤さんをお願いします。

Speaking. 　　　　（電話で）俺だよ（私です）。

- so to speak, 　　　　いわば・つまるところ
- not to speak, 　　　　言うまでもなく
- speak on（about）～ 　　　～について講演する・演説する
- speak well ～ 　　　～をほめる・～を良く言う（反対語 speak ill）

41　stand　立つ・立ち上がる・立てる・我慢する

- stand by 　　　　　待機する・味方する・支援する

She always stands by me.　　　　　彼女はいつも味方をしてくれる。
- ・stand for　　　　　　　　　～を表す・～の略である
- ・stand out　　　　　　　　　目立つ・際立つ・とび出る
- ・stand up　　　　　　　　　耐える・我慢する・立ち上がる

42　take　取る・つかむ・選ぶ・手に入れる・買う・連れていく
乗る・飲む・撮る・記録する・必要とする・ある行動をとる・～する
（時間、労力、お金）を必要とする・持ち去る・盗む
- ・take after　　　　　　　似ている

《例文》　She takes after her mother.　彼女はお母さんに似ている。
- ・take away　　　連れ去る・持ち去る

《例文》　Please take away this○○．この○○を持って行って下さい。
- ・take back　　　　　　　取り戻す・返す

《例文》I took the book back from ～　　　本を～から取り戻した。
- ・take care　　　お大事に・さよなら
- ・take care of ～　　　　　～の世話をする
- ・take down　　　下げる・降ろす・取り壊す＝解体する
- ・take … for ～　　　　　　　　　～と…を取り違える・間違える

《例文》　People often take my voice for my father's.
　　　　　人々は私の声を父の声としばしば間違える。
- ・take in　　　　～を吸収する・～を理解する
- ・take off　　　　離陸する・～を脱ぐ・取り除く

《例文》　The plane took off on time.　　　飛行機は時間通り飛び立った。
- ・take out　　　持ち出す・とりだす

《例文》　I took out the garbage.　生ごみを持ち出した。
- ・take over　　　引き継ぐ
- ・take part　　　　　　加わる
- ・take place ＝ happen　　　起こる
- ・take up　　　（時間、場所を）とる・（ものを）取り上げる

I took her hand.　　　　　彼女の手をつかんだ。
Take an umbrella.　　　　　傘を持って行け。

I took his idea. 彼の考えを採用した。

I take the 7:30 bus every morning. 毎朝7時30分のバスに乗る。

Take this medicine after meal. この薬を食後に飲みなさい。

I'd like to take a picture. 写真が撮りたい。

· take a bath 風呂に入る

· take a walk 散歩する

· take an action 行動を起こす

I'll take this one. これを買います（いただきます）。

The monkey took my hat. サルが私の帽子を取った。

43 talk 話す・語る・しゃべる

· talk back 答えを言う・言い返す

· talk over 十分話し合う

· talk to oneself 独り言を言う

· talking of (about) ～ ～と言えば

44 taste 味見をする・～の味を感じる

I taste the soup. スープの味見をする。

What does it taste like? どんな味がしますか。

This soup tastes a little sour, but good. 少し酸っぱいが美味しい。

· can taste ～ 味がわかる・～の味がする

· taste like ～ ～のような味がする

○ 味を表すことば

① sweet 甘い　　② salty しょっぱい　　③ hot 辛い

④ sour 酸っぱい　　⑤ bitter 苦い

⑥ sweet and sour 甘酸っぱい

45 tell 話す・教える・～を命じる・わかる・見分ける

I can tell that he is lying. 彼がウソをついていることがわかる。

I'll tell you.　　　　　良い考えがある。こうしたらどうかな。
I told you so.　　　　　それ見よ。ざまあみろ。
You're telling me.　　　そんなこと百も承知だよ。

◎ think　思う・考える・みなす
　・think about　　　　　よく考える
　・think better of　　　見直す・より高く評価する
　・think much of　　　　重視する・高く評価する
　・think over 〜　　　　〜をじっくり考える

46　throw　投げる・ほうる
　・throw away　　　　　　投げ捨てる
　・throw off　　　　　　　脱ぐ・脱ぎ捨てる
　・throw out　　　　　　　追い出す・捨てる
　・throw up　　　　　　　吐く・もどす

47　turn　向きをかえる・回す・曲がる
　・turn down　　　　　　　（火力など）〜を弱くする
　・turn off　　　　　　　消す・止める
　・turn on　　　　　　　　灯り・ガス・ＴＶをつける
　・turn out 〜　　　　　　〜だとわかる・の結果になる
　・turn over　　　　　　　裏返す
　・turn up　　　　　　　　見つかる・発見する・起きる

48　use　使う・用いる・消化する・働かせる
　・be in use　　　　　　　使われている
　・be out of use　　　　　使用されていない
　・make use of 〜　　　　〜を使う・利用する
《例文》　Make good use of your time.　　時間を有効に使え。
　・of use　　　　　　　　役に立つ
Use your imagination!　　頭を使いなさい。

This car doesn't use much gas.　　この車はあまりガソリンを食わない。
May I have your bathroom?　　　　トイレをお借りしてもいいですか。
（名詞）uses ＝ 用途・使い道
　《例文》　This have many uses.　　これは便利だ。

　　49　watch　　じっと見る・見張る・番をする・注意する・気を付ける
Watch out!　　　　　　　　危ない！
Watch out for cars!　　　　　車に気をつけよ！

　　50　write
・write back　　　　　　　返事を書く
・write down　　　　　　　書き留める
・write in ＝ fill in　　　　記入する
・write out　　　　　　　　全部書く・詳しく書く
・write to ～　　　　　　　～に手紙を書く
Write me soon, please.　　お手紙を下さい。

※　更に貴方の会話を発展させる動詞を加えて頂いたら、素晴らしい

No8 ニュージーランド

前置詞の at , on ……など

　日本語の『て・に・を・は・・』に当たる前置詞は、話し手の思いや動きを伝えたり、つけ足しの説明をするのに必要なもの。しかし、非ネイティブは使い慣れていないのでミスなく使い分けることは難しい。

　外国人が"京都へ行った、京都に行った、京都行った"と色々でも気にしないように、英米人も私たちが前置詞を間違えても気にしない。正確に越したことはないが、迷ったら at か with でやり過ごす手もある。

at　一点、シャープな点を示す	I met her at Toyota station.
on　〜の上に、・にくっついている	I met him on the train.
in　広い場所・長い期間	We met them in Kyoto.
for　向かう方向・〜の期間	The train leaves for Tokyo.
from　基点から	I brought a gift from my home.
to　方向や・到着点	We sent a gift to you.
with　共に・一緒に・原因理由で	She was angry with Tom.
by　（手段）で	I go there by car.
of　所属や所有	I'm a member of the baseball team.
over　〜の上に	A bird was flying over me.
under　の下に	The dog is under the tree.
above　〜の上の方に	The moon rose above the mountains.
below　の下の方に	This area is below sea level.
before　〜の前に	I got up before six this morning.
after　〜の後ろに	What do you do after school?
in front of　〜の前に	I'll wait for you in front of the gate 4.
behind　〜の後ろに	She is behind the curtain.
between　の間に	between eleven and twelve　11 時から 12 時の間に
among　の間に	He is very popular among old men.
during　〜の期間ずっと	I study English during the day.
until　〜までずっと	I read the book until night.
as　〜として	I worked as an assistant.

across　横切って・向こう側に　　　We travel across Europe by train.
through　～を通って　　　　　　　The train went through a tunnel.

前置詞の使い分け練習問題

1 （場所）　で・に　at, on, in
　（1）　I got off （　　） city- hall.
　（2）　I live （　　） 7th street.
　（3）　I live （　　） 3rd Avenue.
　（4）　We live （　　） Japan.

2 （時間）　に　at, on, in, for, to
　（5）　I leave for school （　　） 7: 00 a.m.
　（6）　Let's meet （　　） Sunday.
　（7）　Let's meet （　　） spring.
　（8）　School starts （　　） April in Japan.
　（9）　I ran （　　） an hour.
　（10）　She lived （　　） hundred.

3　～の状態で・～の最中　at, on, in, to, with
　（11）　She is （　　） study now.
　（12）　Father is （　　） the phone.
　（13）　I'm （　　） vacation.
　（14）　He's （　　） his way home.
　（15）　He's （　　） love with her.
　（16）　She's （　　） eight grade.
　（17）　We did the job （　　） pleasure.
　（18）　He belongs （　　） baseball team.
　（19）　Tom is （　　） soccer team.

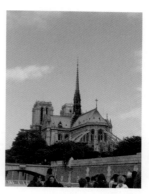

No9 ノートルダム大聖堂
2004 年 8 月 27 日・撮影

4（原因・理由）で　at, for, on, with

(20) I was surprised (　　) the news.

(21) He went to America (　　) business.

(22) She got angry (　　) me.

(23) He jumped (　　) joy.

◎答え　1 at, 2 at, on 3 on, 4 in, 5 at, 6 on, 7 in, 8 in, 9 for,
10 to, 11 at, 12 on, 13 on, 14 on, 15 in, 16 in, 17 with, 18 to,
19 on, in, 20 at, 21 on, 22 with, 23 for
※わからない時は、1〜3は at で、4は with でやり過ごす

動詞や文をイキイキさせる副詞について

副詞は動詞・形容詞・文章・副詞自身も修飾できる

1　動詞のすぐ前に入れて動きをイキイキさせる

① He quickly answered my question. 彼は私の問いにすぐ答えてくれた。

② We actively discuss the new plan.　新プランについて活発に論じる。

③ She certainly said so.　　　　　彼女は確かにそう言った。

④ I really enjoyed the party.　　　私はパーティーをとても楽しんだ。

2　文の頭において

① Fortunately, we won the game.　　　運よく試合に勝った。

② Actually, it's the River Amazon.　　実は、それはアマゾン川だ。

③ Namely, S + V.　　すなわち＝詳しく言うと S + V だ。

3　文の後において

① I studied it for mainly.　　　私は主にそれについて学びました。

② Please handle it carefully.　　どうぞ、気をつけて扱ってください。

4 よく使われる副詞

usually	普通は・一般に（反対語　unusually 格別に）
mainly	おもに
mostly	おもに
generally	たいてい・普通・概して
newly	新たに・新しく
surely	確かに・もちろん
exactly	確かに
certainly	確かに
really	本当に
actually	実は・本当は
clearly	明らかに
steadily	着実に
easily	簡単に・やすやすと
finally	やっと・ついに・とうとう
nearly	あやうく・ほとんど
rarely	めったに・まれに
especially	とりわけ・特に
roughly	おおざっぱに
partly	部分的に
totally	完全に・すっかり
fully	いっぱいに
remarkably	著しく
sharply	急激に

5 感情（心）や状況を表す副詞

actively	活発に
cheerfully	元気に
brightly	明るく
proudly	得意そうに
loudly	大声で

boldly	大胆に
kindly	親切に
friendly	愛想よく
honestly	誠実・正直に
sincerely	同上
peacefully	平和的に・静かに
gently	穏かに
lovely	愛らしく
interestingly	おもしろく
luckily	運よく
fortunately	幸いなことに
(反対語 unfortunately)	運悪く
successfully	良いことに・幸運にも
warmly	温かく・愛想よく
formally	正式に
officially	公式に
carefully	気を付けて
carelessly	うっかり
safely	安全に
unexpectedly	思いがけなく
strangely	妙なことに
mentally	精神的に
patiently	根気強く
unwillingly	しぶしぶ
terribly	ひどく・極端に

6 時に関する副詞と語句

recently	近頃は
lately	〃
currently	現在、今のところ
hourly	1時間ごとに

weekly	毎週
monthly	毎月
timely	タイムリーに・ちょうどよい時に
occasionally	たまに
quickly	素早く
slowly	ゆっくり
usually	いつものように
gradually	順々に
automatically	自動的に
suddenly	突然
finally	ついに
regularly = as usual	いつものように

7　時を表すことば・語句

now = present = right now	現在・今は・さて・ところで・さあ
these days	このご時世
by now = about this time	今頃は・同じころ
nowadays = at present	この頃は
now and then = on and off	時々
by now	今はもう
for now	今のところは
just now	たった今・今しがた
right now	ちょうど今・今すぐに
right away	すぐに
at any moment	今にも
from now on	これからは・今後は
till now = until now	今までは
sooner or later	遅かれ早かれ
for hours (days, months, years)	何時間も
all the time	初めから終わりまで
even now	今からでも

all week long = a whole week　１週間ずうっと

in those days　　その当時は

after that = later　その後

since then　　　その時から

before then　　それ以前は

forever　　　永遠に

within　　　　〜以内に

on and on　　　どんどん・休まずに

at last = finally　ついに

8　時に関する言葉

その１　未　来

before long = in time　　近いうちに・そのうちに

some day　　　　　いつか

some other day（time）= Another day　　あらためて

by then　　　　　　その時までに

by 5: 00 p.m. around 5: 00 p.m.　　５時までに・５時ごろに

tonight　　　　　　今晩

the day after tomorrow　あさって

next week（month, year）　　　来週（来月・来年）

within 5 days　　　５日以内に

in the future　　　将来・未来に

その２　過　去

last night　　　　昨晩・昨夜

the day before yesterday　　　おととい・一昨日

the other day　　　先日

last month（year）　先月（昨年）

in those days　　　その当時

in the past = ever　かつて・昔

after that　　　　その後

118

since then	それ以来
by then	それまでは
in childhood	子どもの頃は
in the 1980s = in the nineteen eighties	1980年代には
in the Edo era	江戸時代には
in the stone age	石器時代には
till then	その時までずっと
out of date	時代おくれ

その他　many time たびたび、seldom めったに、often しばしば

9　場所・地域・方向を表すことば

nearby	この辺に・この辺りに
in this neighborhood	この辺に
there	あそこに
around there	その辺に
somewhere（anywhere）	どこかに
everywhere = on all sides	いたるところに・四方に
right and left	左右に
here and there	あっちこっちに
all over	全面に
the whole town = around town	町中に
as far as I can see	見渡す限り
○○ ave.（avenue）	通りに
on a back street	裏通りに
on the way home	帰り道で
up and down	上ったり下ったり
along	〜沿いに・〜に沿って
center = central	中央に
Toyota central	豊田市街
central wicket	中央改札口

the west gate	西出口
in front of ～	～の前に
between A and B	A と B の間に
among	～の中に
on the opposite side of ～	～の向かい側に
the end of road（street）	道路の端に
on both sides	両端に
line three　3番線、platform 5	5番ホーム
I got lost.　Where am I?	道に迷った。どこにいるのか分らない
Where to?	どちらまで

写6 猿投祭り　神輿
（猿投神社）

写7 猿投祭り　棒の手

ちょっとだけ英文法

　英米人の幼い子供は、英文法を知って英語を話しているか？

　英文法は、「英会話をレントゲンで見たら、骨組みが見えた」と言うようなものだろう。

「ちょっとだけ英文法」は、骨組みが分からなくても簡単な英語は話せるということであるが、しかし、自信を持って話したり英文を書くには、少し文法を知っていた方がよい。

　英語は左から右へ　主語（S）＋動詞（V）＋目的語（O）又は補語（C）、必要に応じて付け足しの説明が並ぶ構造である。シンプルなS＋V＋Oの文ほどよく伝わり・わかり・書ける。

　時制は現在形と現在完了形、そして過去形、未来形だけでOKにする。（現在進行形は現在形、未来進行形は未来形、過去完了形は過去形で表現する）

　会話は先ず、主語のIやWe・You＋やさしい動詞を使って話し出す。相手の話は、動詞と次の語が分かれば内容がほぼつかめる。

　英語は「～をする」「～である」の述部となる動詞が必須で、動詞の性質によって5つの文型に分かれるが、第3文型までのやさしい英文が良く伝わる。

◎　英語の骨組み

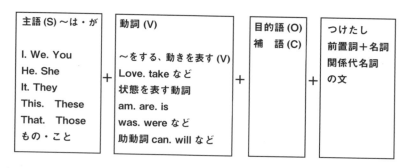

主語 (S) ～は・が		動詞 (V)		目的語 (O) 補　語 (C)	つけたし 前置詞＋名詞 関係代名詞 の文
I. We. You He. She It. They This.　These That.　Those もの・こと	＋	～をする、動きを表す (V) Love. take など 状態を表す動詞 am. are. is was. were など 助動詞 can. will など	＋		

1　英文の5文型

第一文型　S+V の文

Our school starts at 8:30.

My uncle lives in Nagoya.

第二文型　S + V + C の文

This is a train for Kyoto.

The question is who will do it. （問題は誰がするかである）

第三文型　S + V + O の文

We love Toyota.

He quickly answered my question.

I don't know what to do.

May I bring my son to the party?

　　　　　（息子をパーティーに連れて行ってもいいですか）

第四文型　S + V + O + O の文

He gave me a present.　この文を第三文型の文 S + V + O にすると

He gave a present to me.

第五文型　S + V + O + C の文

O = C の関係

He made her happy. （彼は彼女を幸せにした）

New plan will make the cost lower.

　　　　　（新しい企画はコストを安くするだろう）

の文を第三文型の

S + V + O にすると　New plan will lower the cost.

2　動名詞、動名詞は V + ing で主語や補語として使われる

Walking is good for the health.　　　　主語として

My hobby is collecting stamps.　　　　補語として

We enjoyed playing cards.　　　　　　目的語として

Brush your teeth before going to bed.　前置詞の目的語として

3 不定詞、to + 動詞の原形で名詞や形容詞、副詞の働きもする

To know oneself is difficult. 名詞として主語の働き
Their purpose is to find the cause of success. 名詞で補語の働き
I have a lot of things to tell you. 前の名詞を飾っている
I went to the library to do my homework. 副詞の働き
He was surprised to hear the news. 副詞の働き

4 分 詞

(1) 現在分詞＝動詞 + ing で 〜している、主に形容詞の働きをする。
The boy playing the guitar is my friend.
Do you know the girl singing?
(2) 過去分詞＝動詞の過去分詞形で
〜された、前の名詞を飾る形容詞の働きをする。
I got a letter written in English. （英語で書かれた手紙をもらった）
The Great Wave painted by Hokusai is famous all over the world.
　　　　（北斎によって描かれた「波」は世界中で有名です）

5 時制の一致

＝主文の動詞が過去形なら従属の文の動詞も過去形になる。
I think (that) he will come.
→ I thought (that) he would come.
ただし if や When の文で条件や時を表す副詞節の中では、現在形を用いる。
　《例文》 If it is fine, I will go.
I will tell her when she comes. 彼女が来れば話すよ。
また、未来のことでも確定している未来の予定は現在形で表す。
Tom leaves Japan tomorrow. トムは明日日本を出発する。
この用法に使われる動詞は、arrive, come, go, start, leave など

6 話 法

話した人の言葉を " " で直接伝える形式を直接話法という。
話し手の言葉に直して伝える形式を間接話法という。

《例文》 She said, "I'm happy." 彼女は「私は幸せだ」と言った。
She said (that) she was happy. 彼女は、自分は幸せだと言った。

7 主語＋動詞の後の疑問文は S＋V の語順になる

I know when the bus comes.
I don't know when my dreams come true.
We know where she lives.
I know who the man is.
I know what you mean.
We don't know why the sun rises from the east.
Do you know how long the Amazon is?

8 関係代名詞は、長いつけたし情報を文章で加える時に使う

(1) 2つの文に共通する名詞や部分をつけたしの文では、that に置き
換えて長い情報を付け加える。
《例文》 I know a girl, and she has three dogs.
→ I know a girl who has three dogs.

(2) 2つの文の共通語が、つけたしの文で所有格になっている場合だけ
所有格の関係代名詞 whose を使って2つの文をつなげる。
Toyota is exciting city. + The city has many attractions.
Toyota is an exciting city whose attractions are many.

(3) その他は that が万能、that で OK!
目的格の関係代名詞は省略される。

《例文》　We'll discuss the theme.
+ The captain proposed the theme.
We'll discuss the theme (that) the captain proposed.

※　関係代名詞の Which の前に，がついていれば非限定の関係代名詞。
　　あまり重要でない追加の説明文ということになる。

, which　主語＋動詞　の良さは、「ちなみに」、「〜の理由で」などと
後の文で理由や状況をゆっくり付け加えたり、説明するのに便利である。
　《例文》　I play baseball, which is very interesting.
　　　　　　I entered his room, which was clean.
　　　　　　We study English, which is an international language.

写8 豊田市　山の町の春

活用したい動詞約458個

主に中・高で学んだ動詞。仕事上必要な動詞は各自追加下さい。
◎は使いまわしたい動詞50、○は活用したい動詞

○	accent	強調する・アクセントをつける
○	accept	受け入れる・受け取る・応ずる
○	access ～	～にアクセスする
○	achieve	達成する・成し遂げる・実現する
・	ache	痛む・うずく
○	act	演ずる・行動する
・	acquire	（努力して）手に入れる・身につける
○	add	加える・足し算する
○	address	演説する・宛名を書く
○	admit	（入場・入会・入学を）許す
○	advance	進歩・昇進・上達する
・	advertise	広告・宣伝する
○	advise	忠告する・助言する
・	affect	影響を与える
・	aid	助ける・手伝う
・	aim at ～	～にねらいをつける・～に向ける
○	agree	同意する・賛成する
○	allow ＝ enable	許す・可能にする
・	anchor	停泊する
○	angry	怒る
○	announce	放送する
・	annoy	困らせる・嫌がらせる
○	answer	答える
○	appeal	訴える・～を求める
・	appear	現れる・姿を表す
○	apply	利用する，適用・応用する・
○	appreciate	感謝する・正しく理解する
○	approach	近づく

○	approve	認める・承認する
・	arise	生じる・起きる
○	arrange	整える
○	arrive	到着する
◎	ask	聞く・頼む・質問する
○	assemble	組み立てる・集める
○	assist	支える・応援する・支援する
・	associate	連想する・〜結びつける
・	assure	保証する・信じさせる
○	attack	攻撃する・襲う
○	attain	達成する・〜に到達する
○	attend	出席する
○	attract	引き付ける・集める
○	available	利用できる
◎	be	
・	become	〜になる
○	begin	始める
○	believe	信じる
○	benefit	利益をもたらす・得になる
・	borrow	借りる
◎	break	壊す・破る・折る・割る・砕ける
◎	bring	持ってくる・運ぶ
○	broadcast	放送する
○	broaden	広げる
○	build	建てる・建設する
・	buy	買う
◎	call	呼ぶ・電話する
◎	carry	運ぶ・〜 on 続ける・〜 out 実行する
◎	catch	捕らえる・見つける・聞き取る・理解する
・	cause 〜	〜を引き起こす・〜の原因となる
○	challenge	挑戦する
○	change	交換する・変える
○	charge	請求する・告発する
○	charter	チャーターする・借り切る
○	check	照合の印をつける・点検する

○	cheer	励ます・元気づける
○	choose ＝ select	選ぶ・選択する
◎	come	来る
○	communicate	伝達する・通知する
○	compare	比較する・比べる
○	complete	完成する
○	consider	よく考える
○	contain ～	～を含む
○	continue	続ける
○	control	調節する・コントロールする・抑える
○	cook	料理する
・	copy	複写する・写す
○	correct	直す・訂正する
○	cost	コストがかかる
○	count	数える・計算する・合計する
・	cover	覆う・包む
○	create	作る・設ける・創造する
・	cross	交差する・横切る
・	cry	叫ぶ・泣く
◎	cut	短縮する・減らす・さぼる・穴開ける
○	decrease	減らす
○	defend ＝ speak for ～	弁護する
○	delete	削除する・消す
○	develop	開発する
○	dispose	処分する
・	destroy	こわす
・	dismiss	解雇する・解散させる
○	divide	分ける・分配する
◎	do	行動する・～果たす・人に～を与える・終える
○	double	２倍にする
○	draw	描く
・	dream	夢を見る
・	dress	着る
・	drink	飲む
・	drop	落とす

·	dry	乾かす
·	drive	運転する・〜を追い払う
·	dump	処分する・捨てる
·	eat	食べる
○	earn	稼ぐ
○	elect	選ぶ
○	enclose	（土地・建物を）囲む
·	endure	耐える・我慢する
○	excite	興奮させる・刺激する・引き起こす
○	exclude	除外する
·	excuse	許す
○	exercise	練習させる・運動する
·	exist	存在する・生きている
○	expand	拡大する
○	expect	予想する・待ち受ける・予測、予期する
○	experience	体験する
○	explain	説明する・解説する
○	export	輸出する　反対：輸出する import
○	express	表現する・言い渡す
◎	face	直面する
◎	fall	落ちる・倒れる
◎	feel	さわる・触れる・感じる・〜と思う
○	fight	戦う・けんかする
○	fill	満たす・いっぱいにする
◎	find	わかる・見つける・発見する・〜に気づく
○	finish	終える
○	fit 〜	〜に合う・適合させる
○	fix	修理する・〜を決める・固定する
·	fly	飛ぶ
·	fold	折りたたむ・折り曲げる・〜を包む
○	follow 〜	〜に従う・理解する
○	forecast	予報する・予測する・予想する
○	forget	忘れる・思い出せない
○	forgive	許す
○	freeze	凍る

・	fry	油で揚げる・いためる
○	furnish	（家具などを）備え付ける・供給する
◎	gain	手に入れる・得する・増す
◎	get	買う・得する・理解する・（人に）〜してもらう・させる
◎	give	与える・give in・譲歩する・折り合う
○	greet	歓迎する・迎える・あいさつする
・	grip	握る・しっかりつかむ
○	grow	栽培する・成長する・大きくなる・〜になる・育つ
○	guess	推測する・〜と思う・言い当てる
○	guide	導く・指導する・案内する
◎	go	行く
◎	hand	手渡す
○	happen	起きる・生じる
○	harden	固める
○	harvest	収穫する
◎	have	開催する・開く・（経験）する・食べる、飲む・病気にかかる
○	identify	（身元など）確認する
○	imagine	想像する・思い描く
○	imitate	見習う・まねる
○	impress	感銘を与える・強い印象を与える
○	improve	良くする・上達する・改善する
○	include	含む
○	increase	増加する
○	inform = tell	知らせる
○	inspect	視察する・調べる・検査する
○	install	組み込む・設置する・取り付ける
○	interfere	干渉する・口を出す・邪魔する
○	interpret	通訳する
○	interview	インタビューする
○	introduce	紹介する
○	issue	発行する・（命令を）出す
○	invent	発明する
○	invite	招待する
○	join	参加する・加わる
○	judge	判断する

・	jump	跳ぶ
◎	keep	keep in touch　連絡を取り合う、keep on　続ける・進む
・	knit	編む
○	knock	殴る・ノックする
○	know	わかる・知る
○	land	着陸する・上陸する・着水する
○	laugh	笑う
・	lay	置く・横たえる
○	lead	導く
○	learn	学ぶ・知る・聞く・習う・習う・覚える
○	lend	貸す
○	let ～	～させる・させておく・（文頭において命令形で）～させてください
・	level	平らにする
○	lie　〈ライ〉	ウソをつく
・	lie　〈ライ〉	横たわる
・	lift	持ち上げる
○	light	灯りをつける
◎	like	～を好む
○	listen	聞く
・	live	生きる・生活する
○	lock	鍵をかける
◎	look	見る・～に見える
○	lose	失う・無くす・見失う・迷う・負ける
○	love	愛する
○	lower	下げる
◎	make	作る
・	march	行進する・進軍する
○	mark	印をつける
○	marry	結婚する
○	master	マスターする・習得する・支配する
○	match	調和する・～に匹敵する
○	matter	重要である
○	mature	熟する・大人になる
○	mean	を意味する・～のことを言う
○	meet	会う・出会う・合流する・集まる・・出迎える

・	miss	失敗する。淋しく思う
○	mistake	間違える・誤解する
◎	move	感動する・〜を動かす・動く・引っ越す
○	mow	芝を刈る・刈り取る・
○	name	指名する・名付ける
◎	need	〜が必要である
・	neglect 〜	〜を怠る・無視する・おろそかにする
・	negotiate 〜	〜について交渉する
・	note	書き留める
○	notice 〜	〜に注意する・気づく
○	obey = keep	守る
○	object	反対する・異議を唱える
○	offer	申し込む、出る・提供する・差し出す
○	omit	省略する
○	open	始まる・開く、open up= 心を開く
○	order	注文する
○	outline	(概要を) 説明する
○	overcome 〜	〜に打ち勝つ・克服する
・	overflow	溢れる・氾濫する
○	overlook	見落とす・見渡す
・	overwork	使いすぎる・多く働かせる
・	owe	恩を受ける・(お金) を借りている
○	own	所有する・(人の) お陰である・独自の
・	paint	ペンキを塗る
○	part	分ける・別れる
◎	pass	合格する・通過する・時がたつ・追い越す
Pass on		伝える・回す・譲る
○	pay	(代金・敬意を) はらう
・	perform	演じる
○	pick	花や実を摘む・もぐ
・	pitch	ボールを投げる
◎	place	置く
○	plan	計画する・設計図を書く
○	plant	植える・まく
○	play	遊ぶ・試合をする・演奏する・演じる

O	point (at) 〜	（〜に）向ける・指摘する
O	prefer	好む・〜を選ぶ
O	prepare	準備する・用意する
O	press	押す・圧縮する
O	present	贈る・提出する
O	print	印刷する・出版する
O	produce	生産する・製造する・生む・出版する・生じる
O	project	計画・企画する
O	promise	約束する
O	propose	提案する・申し込む
・	protect	保護する
O	prove	証明する
O	provide	提供する・与える
O	publish	出版する・発行する
◎	pull	引く・引っ張る・抜く
◎	put	おく・入れる・のせる・つける・述べる
・	quake	ゆれる・ふるえる
O	quarrel	口論する・けんかする
・	quit	引退する・やめる
O	race	競争する
O	raise〔réiz〕= grow	上げる・上がる・アップする・持ち上げる・子供を育てる・作物を栽培する・家畜を飼育する
・	rank	〜に位置する・評価する・占める
O	reach	届く・達する・広がる・手を伸ばす・連絡する
O	read	〜を読む
O	react	反応する〔名詞〕reaction 反響・反応
・	rebound	はね返る
・	recall	思い出す
O	receive	受ける・受け取る
O	recommend	推薦する・勧める
・	record	記録・録音する
O	reduce	減らす・縮小する
O	regard 〜	〜とみなす・〜と考える
O	regret	後悔する・残念に思う
O	refuse	断る・辞退する

○	reform	改良・改善・改革する・良くする
○	refresh	元気にさせる・新たにする
・	reign〔réin〕	支配する・統治する
・	reject	拒否する
○	replace	取って代わる
○	relax	リラックスさせる・くつろがせる
○	relay	（中継）放送をする
○	release	解放する・自由にする・放す
○	relieve	安心させる・救助する・和らげる
・	rely〔rilái〕	頼る・当てにする
○	remark	言う・〜を述べる
○	remember	思い出す・覚えている・忘れずにいる
○	remind	気づかせる・思い出させる
○	remove	片づける・取り除く・脱ぐ
○	renew	新しくする・取り換える・更新する
○	repair ＝ fix, mend	修理する
○	repeat	くりかえす
○	reply	答える・返事する
・	represent 〜	〜を代表する・表現する
○	report	報告する
○	reproduce	再生・再現する・複写する・繁殖させる
○	request	リクエストする・〜を頼む・要求する
・	require	必要とする・〜がいる・要する
○	rescue	救い出す
○	resist	抵抗する・反抗する
○	resign	辞職する
○	resolve	解決する・（疑いを）晴らす
○	rest	休む・眠る
○	return	返す・お返しをする
○	revenge	復讐する・敵を取る・仕返しをする
○	revise	改正・改訂する
○	ride	乗る・乗っていく
○	rise	（太陽・月）が昇る・上がる・上昇する・そびえ立つ
○	risk	危険を冒す
○	roast	焼く・あぶる

・	roll	巻く・丸める・転がる・回転させる
○	root	植える・根付かせる
○	rotate	交代・回転させる
・	round	丸める・曲がる
・	row	ボートを漕ぐ
○	rule	支配する・名詞で ruler 支配者
◎	run	走る・流れる・延びる・通じる・経営する
・	rush	急ぐ・せかす・(勢いよく) 流れる
○	rust	錆びる・さびつく
○	sail	航海する・〜に向け出港する
○	save	救う・救助する
・	say	言う
○	scan 〜	〜をスキャンする・目を通す・良く調べる
○	scold	叱る
○	scout	さがす・偵察する
○	search	調べる・〜をさがす
◎	see 〜	〜を見送る
◎	set	準備・節する・定める・沈む・〜にする
◎	settle	解決・清算する・片づける・安定さ
・	sew	縫う
・	shake	ふる・ゆさぶる
・	shave	剃る
○	shift	移す・変える
○	shine	輝く・光る・照る
・	shock	ショックを与える
○	shoot	撃つ・射る・狩る
○	shorten	短くする・縮める
・	shout	呼ぶ・大声で言う
・	shut	閉じる・たたむ
◎	show	見せる・示す・案内する・教える・上映する・現れる
・	sing	歌う
・	sink	沈む
・	skate	スケートをする
・	ski	スキーをする
・	sleep	寝る・眠る

○	slide	滑る・滑走する・滑り込む
・	slip	滑る・滑って転ぶ・滑り落ちる
・	smell	匂いをかぐ
・	smile	微笑む
・	smoke	煙が出る
・	snap	パキッと音を立てる
・	snow	雪が降る
○	solve	(問題など) を解く・解決する
◎	sound	聞こえる・〜と思える　　Sounds good. いいね。
・	spare	節約する・惜しむ
◎	speak	話す
・	speed	速く行く
・	spell	(字を) つづる
○	spend	過ごす・費やす・使う
・	spill	こぼす
・	spin	紡ぐ
○	spoil	ダメにする
○	spread	広げる・広まる
○	spring	飛び跳ねる
◎	stand	立つ・立てる・我慢する　　stand by　味方する、待機する
○	start	始める・出発する・起きる・動かす
○	state	明快に述べる・言う・(名詞) 国家・州

He always states his opinions clearly.

○	stay	留まる・泊まる・滞在する・そのままでいる
○	steal	盗む・盗塁する・こっそり取る
・	step	歩く　　　step by step　一歩一歩
○	stock	蓄える・〜を仕入れる
○	stop	止める・妨げる・やめさせる
○	strike	打つ・たたく・なぐる
・	strip	裸にする・脱がせる
○	strive	懸命に努力する・奮闘する
○	study	研究する・学ぶ
○	substitute 〜	〜の代わりをする
○	succeed	成功する・うまく行く
○	suffer	苦しむ・悩む・苦痛傷害を受ける

○	suggest	提案する
○	sum up	合計をする・要点を述べる
○	summarize	要約する
○	supply	与える・供給する
○	support	支援・応援・支持する
○	suppose	推測する・～と思う　I suppose so.
○	surprise	びっくりさせる・驚く
○	survive	生き残る
○	swear	誓う・宣言する・断言する
	Do you swear?	誓いますか。
・	sweat	汗をかく
○	sweep	掃く
・	swell	膨らむ・はれる
・	swim	泳ぐ
・	swing	振る・ゆれる・ぶらさがる
○	switch	スイッチする・取り換える
◎	take	取る・つかむ・手に入れる・もらう・持って行く・連れていく・選ぶ・乗る・飲む・撮る・記録する・必要とする・～をする・買う・持ち去る・盗む・（お金・労力・時間）を必要とする
◎	talk	話す・語る・しゃべる
◎	taste	味見をする・～の味がする
○	tax	税金をかける
○	teach	教える・教師になる
○	tear〔tέər〕	引き裂く・やぶる
◎	tell	話す・教える・～を命じる・わかる・見つける
・	tend	～する傾向がある
○	test	試験・テスト・検査する
○	thank	礼を言う・感謝する
○	think ～	～だと思う・考える・みなす
	○　Think better of	より高く評価する・見直す
	○　Think much of	重視する・高く評価する
	Think over ～	～をじっくり考える
・	thrill	ぞくぞくさせる・する・感動する
○	throw	投げる・ほうる　　throw out　捨てる、追い出す
・	tie	結ぶ

・	toast	こんがり焼く
・	toast	祝杯を挙げる
○	touch ～	～に触れる　～を感動させる
・	toss	軽く投げ上げる
○	trade	取引する・貿易する
○	train	しつける・訓練する・養成する
○	transfer	転勤・転校させる・移す・運ぶ
O	transform	一変させる
・	trap	罠にかける
O	travel	旅をする
○	treat	治療する・扱う
O	trek	トレッキングする・徒歩で旅する
・	trick ～	～をだます
O	trouble	心配・悩ませる・迷惑をかける
○	trust	信頼する
◎	turn	turn down（火力）弱くする、turn off　消す止める
		turn on　TV、ガス、灯りをつける
		turn over　裏返す、turn up　見つかる
・	try	やってみる・試す
・	twinkle	キラキラ輝く
○	undergo	（苦しいことを）体験・経験する・耐える
○	underline ～	～を強調する・下線を引く
○	undertake	引き受ける・～に着手する
○	undo	ほどく・はずす
○	unite	団結する・ひとつになる・結合する
○	upset	ひっくり返す・怒らせる・うろたえさせる
◎	use	使う・用いる・消費する・働かせる
○	vary	変化する・変わる
・	veil	隠す・ベールをかける
○	volunteer	ボランティアをする
○	vote	投票する
○	visit	見舞う・訪ねる・～へ行く・～を見る
○	wait	待つ・待機する
・	wake	目覚める
○	wander	さまよう・放浪する・ブラブラする

・	want　〜	を必要としている
○	warm	温める・暖まる　　warming up
・	wash	洗う
○	waste	浪費する・無駄に使う
◎	watch	じっと見る・注意する・気を付ける・見張る
・	wave	手を振る・揺れる
○	weaken	弱める・弱くする
・	wear	着る・身につける
・	weep	シクシク泣く
○	welcome	迎える・歓迎する
・	whisper	ささやく・小さい声で言う
○	whistle	口笛を吹く・ホイッスルを鳴らす
○	widen	広げる・広くする
○	win	勝つ・勝利する
・	wind	巻く
・	wipe	ぬぐう・〜をふく
○	wish	望む・〜をしたいと思う
○	wonder	不思議に思う・〜だろうか
○	work	勉強する・働く・(機械などが) 動く
○	worry	心配する・させる・悩む・悩ませる
○	wrap	包む・くるむ
○	wrestle	格闘する
○	worship	礼拝する・崇拝する
◎	write	書く
	write back	返事を書く
	write down	書き留める
	write in	記入する
	write to 〜	〜に手紙を書く
○	x-ray	レントゲンをとる・で調べる
○	zoom	急上昇する・急増する
		猛スピードで行う・行く

139

参考文献

- ○ NEW HORIZON English Course ①〜③ 東京書籍
- ○ ニューホライズン 英和辞典 東京書籍
- ○ 「英語は3語で伝わります」中山裕子　ダイヤモンド社
- ○ 「いちばん最初の英会話　フレーズ2000」編著メディアビーコン　西東社
- ○ 「1日で話せる英語」プレジデント　2015.2.15号　別冊
- ○ 「中学英語でペラペラ話す」プレジデント　2017.4.17号
- ○ 「英語の学び方」プレジデント　2018.4.16号

掲載作品及び写真の紹介（順不同）

◎ 大石訓義

　猿投古窯研究陶芸家、著「猿投古窯　日本陶磁の源流」雄山閣、中国・韓国・インド・タイで古代陶法を修習。猿投古窯黒笹窯周辺で苦節10年、青磁に適した土と釉石を発見。奈良〜平安の陶工たちが夢に見た猿投青磁の焼成に成功。

作品「キング（米色青磁）＆ クイーン（青磁）」〈2018年大石作〉

　栗の実色の青磁を米色青磁という。黄色は中国では皇帝のみに許された色で、古いものでは世界に4点しか現存していないと言われる。

キング　　　　　　　　　　　　　　　クイーン

King ; Yellow is in noble color, allowed only for using Emperor since ancient times more in China. Yellow celadon called "Marron color" which does not currently exist four pieces is a valuable cultural heritage of the world.

Remarkable point is the secondry cracks appear under glaze called "Shivering" after over years and they are determining its value more.

Queen ; Completion of pottery's are back to Chinese Song dynasty nearly 1000 years ago. The work "King and Queen" is particularly made by the same raw materials. And the Glow called "Secret Color" is like a graceful jade.

These "King and Queen" are designed and named by Kouji Naruse. Left production up to the recognized authority on "Sanage Kiln" Noriyoshi Oishi.

◎ **小林　豊**
彫刻家　国画会会員・小林美術研究所主宰　豊田市芸術選奨受賞
◎ **後藤嘉寿美**
日本画家　豊田市文化財保護審議委員会副会長　日本美術院院友
◎ **鈴木真幸登**
元豊田市華道連盟理事長・前豊田市文化団体協議会会長
◎ **原田真二**
日本現代写真家協会理事　写舎真主宰
◎ **八木京子**
No.1 ～ 9　海外旅行のアルバムからと、自宅庭のやさしい花たち他の写真
○　筆者の写真　写 1 ～ 9

写 9 中京ゴルフ倶楽部 石野コースと猿投山

あとがき

　1937年生まれ。日本がまだ貧しかった時代に大学で学ぶ機会をいただいた。恩返し・お役に立つことができれば〜。ある大統領のストレートな英語を聞いたのを機に、日本人なら誰もができるやさしい英会話を、と思い立った。天気の良い日は田畑を耕し、猛暑・凍てつく時間帯にペンを執った。仕事上の専門用語を幾つか加えていただければ、日本人の英語発信力は大きくなるでしょう。踏み台にして頂けたら嬉しく思います。

　大きな木を育て、天を支えん！　そんな思いで仕事をして来ました。
　子どもや若者は2つ褒め、1つ諭して育て鍛える。

　儒学者　佐藤一斎（岩村藩）の言葉『小にして学べば、壮にして為すことあり。壮にして学べば老いて衰えず、老いて学べば死して朽ちず』この言葉は学問だけのことではないだろう。人間力の土台も幼少から青年期に培われる。

> ◎躾は明快が良い
> 　1つ　命を大事にせよ
> 　1つ　公正・公平であれ
> 　1つ　人・世の中に役立つことをせよ
> 　1つ　食べ物・ものを粗末にするな
> 　1つ　幼いもの・お年寄りをいたわれ
> 甘やかしすぎ・厳しすぎ・干渉しすぎ・放任しすぎ　はダメ！
> 子育てに失敗すれば、大家も3代を待たずして滅びる。

成瀬　弘治

　1937年3月生まれ。猿投農林高校（定時制）、愛知学芸大学（現教育大）愛知県豊田教育事務所指導主事・小学校、中学校校長。著書『米作り大革命』中日新聞、連載「あなたも野菜作り名人」矢作新報50回、農業の知恵と技術を学ぶ講座6年（6期生まで開講）

日本人のためのやさしい3つ星英会話　My English

2020年8月7日　初版1刷発行

著　者　成瀬 弘治

編　集　樹林舎
　　　　〒468-0052　名古屋市天白区井口1-1504
　　　　TEL:052-801-3144　FAX:052-801-3148
　　　　www.jurinsha.com/

発　行　株式会社人間社
　　　　〒464-0850　名古屋市千種区今池1-6-13　今池スタービル2F
　　　　TEL:052-731-2121　FAX:052-731-2122
　　　　www.ningensha.com/

装　幀　伊藤道子

印刷製本　株式会社シナノパブリッシングプレス

©Kouji Naruse 2020, Printed in Japan
ISBN978-4-908627-58-3 C1082 ¥1600E